# Historische Sinnbildung

Jörn Rüsen

# Historische Sinnbildung

## Grundlagen, Formen, Entwicklungen

Jörn Rüsen
Bochum, Deutschland

ISBN 978-3-658-32170-3   ISBN 978-3-658-32171-0  (eBook)
https://doi.org/10.1007/978-3-658-32171-0

Die Deutsche Nationalbibliothek verzeichnet diese Publikation in der Deutschen Nationalbibliografie; detaillierte bibliografische Daten sind im Internet über http://dnb.d-nb.de abrufbar.

© Springer Fachmedien Wiesbaden GmbH, ein Teil von Springer Nature 2020
Das Werk einschließlich aller seiner Teile ist urheberrechtlich geschützt. Jede Verwertung, die nicht ausdrücklich vom Urheberrechtsgesetz zugelassen ist, bedarf der vorherigen Zustimmung des Verlags. Das gilt insbesondere für Vervielfältigungen, Bearbeitungen, Übersetzungen, Mikroverfilmungen und die Einspeicherung und Verarbeitung in elektronischen Systemen.
Die Wiedergabe von allgemein beschreibenden Bezeichnungen, Marken, Unternehmensnamen etc. in diesem Werk bedeutet nicht, dass diese frei durch jedermann benutzt werden dürfen. Die Berechtigung zur Benutzung unterliegt, auch ohne gesonderten Hinweis hierzu, den Regeln des Markenrechts. Die Rechte des jeweiligen Zeicheninhabers sind zu beachten.
Der Verlag, die Autoren und die Herausgeber gehen davon aus, dass die Angaben und Informationen in diesem Werk zum Zeitpunkt der Veröffentlichung vollständig und korrekt sind. Weder der Verlag, noch die Autoren oder die Herausgeber übernehmen, ausdrücklich oder implizit, Gewähr für den Inhalt des Werkes, etwaige Fehler oder Äußerungen. Der Verlag bleibt im Hinblick auf geografische Zuordnungen und Gebietsbezeichnungen in veröffentlichten Karten und Institutionsadressen neutral.

Coverbild: Inga Rüsen: Rote Fäden im Gewebe der Geschichte, 2020 (Öl auf Jute)

Springer ist ein Imprint der eingetragenen Gesellschaft Springer Fachmedien Wiesbaden GmbH und ist ein Teil von Springer Nature.
Die Anschrift der Gesellschaft ist: Abraham-Lincoln-Str. 46, 65189 Wiesbaden, Germany

Für Inge
Zum 28.4.2020

# INHALT

Vorwort  IX

Zur Einführung: Die roten Fäden im Gewebe der Geschichte  1

1  Was ist Sinn?  7

2  Sinndimensionen: Raum, Zeit, Selbst  13
   a) Raum  13
   b) Zeit  14
   c) Selbst  15

3  Religion – Immanenz und Transzendenz  21

4  Geschichte  27

5  Dimensionen des Historischen  37
   a) Ansprüche auf Wahrheit: die kognitive Dimension  38
   b) Glanz des Narrativen: die ästhetische Dimension  41
   c) Begründung der Macht: die politische Dimension  43
   d) Ausgriff ins Transzendente: die religiöse Dimension  45
   e) Die Kraft der Seele: die psychische Dimension des Unbewussten  46
   f) Vorschein des Guten: die moralische Dimension  49
   g) Historische Bildung: die didaktische Dimension  51
   h) Das Wechselspiel der Dimensionen  53
   i) Das Netz der Bedingtheiten  54

| | | |
|---|---|---|
| 6 | Einschlagende Ereignisse: drei Typen historischer Kontingenzbewältigung | 63 |
| 7 | Die konstruierte Konstruktion der historischen Bedeutung | 67 |
| 8 | Die Tiefe der Zeit im Geschehen der Vergangenheit: Geschichtsphilosophie | 73 |
| | a) Menschheit im Zeitverlauf: materiale Geschichtsphilosophie | 73 |
| | b) Narrative Repräsentation: formale Geschichtsphilosophie | 75 |
| | c) Das kulturelle Gedächtnis: funktionale Geschichtsphilosophie | 79 |
| | d) Die Einheit der drei Dimensionen | 81 |
| 9 | Sinn und Widersinn | 83 |
| 10 | Unvordenkliches im Sinngeschehen des historischen Denkens | 89 |
| 11 | Licht ins Dunkel der Zukunft: Hinweise auf ein zukunftsfähiges historisches Denken | 95 |

## ANHANG:
## MODELLE DER GESCHICHTSTHEORIE:
## HUMBOLDT – DROYSEN – WHITE

| | |
|---|---|
| Hermeneutik der Individualität: Wilhelm von Humboldt | 105 |
| Praktische Vernunft im Umgang mit Geschichte: Johann Gustav Droysen | 115 |
| Ein Wendepunkt der Historik: Hayden White | 127 |
| Anmerkungen | 139 |
| Verzeichnis der zitierten Literatur | 155 |

# VORWORT

Dieses Buch hat eine kleine Vorgeschichte. Es beruht auf einem Text, der in einem Sammelband erschienen ist.[1] In ihm ging es darum, der Religion einen Platz im Diskurs über kulturwissenschaftliche Sinnbildung anzuweisen, wenn nicht gar allererst zu eröffnen. Ich habe diesen Text dann zu einer Gesamtdarstellung dessen erweitert, was ich unter »historischer Sinnbildung« verstehe. Dieser Terminus wird von mir schon seit langem verwendet. Seine Explikation durchzieht wie ein roter Faden meine Arbeiten zur Theorie der Geschichtswissenschaft (Historik), Geschichtsphilosophie und Geschichtsdidaktik. Insofern war das für das Spezialgebiet der Geschichtstheorie typische Denken ein Angelpunkt meiner Überlegungen. Es ist auch nicht aus dem Blick geraten. Im Gegenteil: Mit einer gewissen Penetranz verteidige ich die Tradition der Historik als Teildisziplin der Geschichtswissenschaft in einer Zeit, in der diese Tradition im institutionellen Gefüge der akademischen Disziplin Geschichte auszutrocknen, ja zu verschwinden droht.[2] Starkes Indiz dafür ist der Schwund einschlägiger Stellen im Fach Geschichte an den Universitäten. (Glücklicherweise hat sich jedoch die Geschichtsdidaktik des Theorie-Diskurses angenommen.)

Dieser enge Bezug zur Geschichtswissenschaft liegt den Überlegungen dieses Buches nicht mehr als maßgebender Bestimmungsfaktor zu Grunde. Vielmehr soll das weite Feld der Kultur in den Blick genommen und begrifflich erschlossen werden, in dem die Vergangenheit als Bezugsgröße der kulturellen Orientierung der gegenwärtigen menschlichen Lebenspraxis eine wesentliche Rolle spielt. *Historik weitet sich damit zur Theorie der Geschichtskultur.*

Ich danke Gerd Jüttemann für seine Einladung zu einem Beitrag in einem Sammelband seiner Reihe »Philosophie und Psychologie im Dialog«.[3] Meine Überlegungen zum Phänomenbestand und zur Begrifflichkeit von

»Geschichtskultur« reichen zurück in die späten achtziger und frühen Neunzigerjahre des vergangenen Jahrhunderts. Seitdem habe ich mich um die Ausarbeitung einer Theorie der Geschichtskultur bemüht.[4] Besonders angeregt und gefördert haben mich dabei Klas Göran Karlsson (Lund) und Antonis Liakos (Athen), die auf ihre je spezifische Weise an einer systematischen Einbettung der Geschichtswissenschaft in ein umfangreiches Konzept von historischem Denken und seinen Auswirkungen in der menschlichen Lebenspraxis gearbeitet haben. Ich danke ihnen für fruchtbare Diskussionen. Dankbar bin ich neben den vielen Kollegen und Freunden in akademischer Nachbarschaft, die ich nicht alle aufzählen kann, den jungen Mitstreitern im Gebiet der Geschichtstheorie Arthur Assis, Christiane Bertram, Juan Luis Fernández, Andrej Linchenko und Yu Pei-Yun. Sie haben mit ihrem besonderen Interesse an meiner Arbeit deren Impulse aufgegriffen und auf ihre Weise produktiv weiterentwickelt.

Dank schulde ich dem Kulturwissenschaftlichen Institut in Essen für seine Unterstützung meiner Arbeit als Senior Fellow. Nicht zuletzt möchte ich Angelika Wulff für ihre langjährige bewährte Hilfe bei der Vorbereitung und Korrektur meiner Texte danken.

Abschließend fehlen mir die richtigen Worte für den Dank an meine Frau Ingetraud Rüsen. Sie hat meine akademische Arbeit von Anfang an über mehr als ein halbes Jahrhundert auf doppelte Art begleitet: Sie hat unser gemeinsames Familienleben stets so organisiert, dass ich meinen Pflichten nachkommen konnte. Sie hat aber auch meine Arbeit selber produktiv und kritisch begleitet. Ich konnte von ihren didaktischen und sprachlichen Kompetenzen erheblich profitieren. Wir haben oft um meinen sprachlichen Ausdruck gerungen (nachdem mir der akademische Stil zunächst mein Sprachvermögen ruiniert hatte). Dass dabei ein Fortschritt an Verständlichkeit erzielt werden konnte, war ganz und gar ihr Verdienst. Ihre schulpraktische Erfahrung war für meine Arbeit in der Geschichtsdidaktik wichtig. Wir konnten uns produktiv ergänzen.

Bochum, im Dezember 2019

# ZUR EINFÜHRUNG: DIE ROTEN FÄDEN IM GEWEBE DER GESCHICHTE

*Innerlich besehen besteht die Geschichte aus philosophischer Einsicht und kritischer Prüfung, aus genauer Begründung aller Dinge und ihrer Grundlagen sowie tiefem Wissen um das Wie und Warum der Geschehnisse. Deshalb ist sie fest in philosophischer Weisheit verwurzelt, wert und würdig, zu deren Wissenschaften zu gehören.*

Ibn Khaldun[1]

In diesem Buch geht es um Geschichte. Es erzählt keine und bringt also die Vergangenheit nicht in den Blick. Es fragt vielmehr danach, was wir meinen, wenn wir von Geschichte reden und was wir tun, wenn wir Geschichten erzählen, warum wir ihnen zuhören und wie wir erzählte Geschichten auf uns wirken lassen. Das sind fürwahr umfassende und tiefgründige Fragen; und wenn man sie beantworten will, muss man weit ausholen und in die Tiefe des menschlichen Bewusstseins vorstoßen.

Eine Fülle von Antworten bieten sich an. Sie kommen aus ganz unterschiedlichen Wissensgebieten und Erkenntnisstrategien, aus der Geschichtswissenschaft als etablierter Fachdisziplin, aus der Philosophie und dort aus der Erkenntnis- und Wissenschaftstheorie, aus der Geschichtstheorie (Historik) und Geschichtsdidaktik und aus den humanwissenschaftlichen Disziplinen (wie zum Beispiel der Soziologie und Anthropologie), die sich mit dem menschlichen Umgang mit Geschichte und Gedächtnis beschäftigen, und natürlich aus der Psychologie, wenn es um die mentalen Vorgänge der Sinnbildung und um den Bereich des Unbewussten geht. Diese Vielfalt ist natürlich nicht frei von Heterogenität, ja auch nicht von Gegensätzlichkeit.

Um hier Ordnung zu schaffen und zu einem relativ kohärenten Bestand an Einsichten und Denkweisen zu kommen, ist eine Ordnung stiftende

Leitfrage vonnöten, die sich auf alle diese Bereiche beziehen lässt. Es bedarf einer übergreifenden Begrifflichkeit, mit der sich die Fülle von Argumenten systematisch aufeinander beziehen lässt. Dazu bietet sich der Begriff ›Sinn‹ an. Er ist allgemein und grundsätzlich und in der sprachlichen Wendung vom ›Sinn der Geschichte‹ auch schon einschlägig etabliert. Die Metapher vom roten Faden (im Gewebe der Geschichte) bezieht sich darauf.[2] Der rote Faden gibt dem Geschehen der Vergangenheit in seiner Darstellung in der Gegenwart Sinn. Er macht dieses Geschehen verständlich, hängt also aufs engste mit dem menschlichen Vermögen zusammen, andere Menschen und sich selbst zu verstehen.

Freilich, mit einem einzigen roten Faden dürfte es nicht sein Bewenden haben. Es geht ja nicht nur darum, zu verstehen, was geschehen ist. Hierzu braucht es einen Ariadnefaden, um sich in der Fülle und Verschiedenheit des Geschehens in der Vergangenheit zurechtzufinden. Dieser Faden folgt zumeist der Zeitordnung; denn es geht stets um zeitliches Geschehen, um Ereignisse, die zeitlich bestimmt sind und einen zeitlichen Vorgang darstellen, der als solcher, als eine Kette verstanden werden muss, die das Geschehene durchzieht und verbindet.

Aber es soll nicht nur vergangenes Geschehen verstanden werden, sondern dieses Verstehen selber. Kann man der Geschichte, also dem zeitlichen Geschehen in der Vergangenheit, einen Sinn unterstellen, den man ihm (hermeneutisch) abgewinnen kann? Metaphorisch gefragt: Spricht die Vergangenheit zu uns, so dass wir auf sie hören können (und müssen)? Oder sind wir es, die gegenwärtig Lebenden mit ihrem Sinnverlangen und Orientierungsbedürfnissen, die zu ihr sprechen, ihren einen Sinn verleihen, den sie von sich aus gar nicht hat? Auch hier bedarf es eines roten Fadens, der das (historische) Verstehen verständlich macht. Denn Verstehen kann vieles bedeuten. Wir können Akteure der Vergangenheit verstehen, wenn wir entsprechende Nachrichten (Quellen) haben, die uns darüber Auskunft geben können, wie sie Ihre Welt gesehen und ihr Handeln motiviert und ihr Leiden bewältigt haben. Aber haben wir mit diesem Verstehen auch schon das reale Geschehen selber verstanden, die zeitlichen Vorgänge, die ihre Aktivität hervorgerufen und auf die sie eingewirkt haben? Natürlich nicht. Der historische Sinn einer Handlung (mit ihren Voraussetzungen und Folgen) ist ein anderer als die Sinnhaftigkeit der ihr zu Grunde liegenden Absicht.

Es gibt also erheblichen Klärungsbedarf, um das Verstehen zu verstehen. Aber dieser Klärungsbedarf reicht weiter: Er bezieht sich immer auch darauf, was und wie mit dem historischen Verstehen in der Kultur seiner Gegenwart, in der Lebenswelt der Verstehenden, geschieht. Dann geht es um die *Orientierungsfunktion*, die das historische Denken in der Lebenspraxis seiner Subjekte hat. Hier gibt es eine große Fülle von Möglichkeiten, die durchaus heterogen und widersprüchlich sein können. Sie reichen von einem ästhetischen Unterhaltungswert bis zur Mobilisierung von Handlungen, von der Freude am Errungenen bis zum Töten eines Feindes. Auch hier bedarf es eines roten Fadens, der das Feld der Möglichkeiten erschließt und beurteilbar macht.

Nicht übersehen werden darf natürlich ein weiterer roter Faden: die *Geschichtswissenschaft*. Sie beansprucht und verdient besondere Aufmerksamkeit. Worin besteht ihre Leistung? Wie sieht es mit ihrem Wissenschaftsanspruch und dem eng mit ihm verbundenen Objektivitätsanspruch aus? Welche Rolle kann und soll sie in der Geschichtskultur ihrer Zeit spielen? Die Diskussion solcher Fragen hat einen eigenen Diskurs hervorgebracht, der die moderne Geschichtswissenschaft von ihren Anfängen bis in die Gegenwart begleitet: die Historik. Deren Grundzüge sind in die folgenden Kapitel eingearbeitet. Aber es geht um mehr als um die speziellen Belange einer Historik als Theorie der Geschichtswissenschaft. Es geht um geschichtliches Denken als Faktor der kulturellen Orientierung. In dieser allgemeinen Hinsicht rückt die Geschichtswissenschaft in den Kontext der *Geschichtskultur* ihrer Zeit ein. Hier schürzen sich die verschiedenen roten Fäden zu einem Gewebe, einer Textur des Kulturellen, die ein eigenes Profil, die Signatur eines bedeutungsvollen und lebenspraktisch wirksamen Bezuges auf die Vergangenheit als Reservoir von Zeiterfahrungen hat, die gedeutet werden müssen, um die aktuellen Veränderungsprozesse der menschlichen Lebensumstände geistig bewältigen zu können.

Im Sinngewebe des Historischen darf ein Phänomen nicht unerwähnt bleiben: die *Religion*. Jahrtausendelang war sie die für die kulturelle Leistung der Weltdeutung und Selbstverständigung des Menschen zuständige Quelle von Sinn. In der Moderne hat sich das geändert: Nun dominieren säkulare Kriterien der Aneignung von Vergangenheit. Paradigmatisch dafür steht die Geschichtswissenschaft. Als Kind der Aufklärung ist sie zwar von religiösen Vorgaben von Sinnhaftigkeit nicht frei, aber ihre kognitiven Prozeduren, insbesondere natürlich ihre methodischen Verfahren der historischen Forschung sind durch innerweltliche Sinnressourcen des menschlichen Verstandes bestimmt. Max Weber hat sie daher »eine spezifisch gottferne Macht« genannt.[3] In der Tat hat sie sich als Institution über die ganze Welt unangesehen der unterschiedlichen religiösen Traditionen der verschiedenen Kulturen und Länder verbreitet. Dabei hat sie ihren Status als Institution säkularer Sinnbildung über Zeiterfahrung behauptet und erfolgreich verteidigt.

Lange Zeit galt das intellektuelle Vorurteil der Bildungseliten, religiöse Sinnbildung mache im Prozess der Modernisierung Schritt für Schritt Platz für säkulares Denken über den Sinn der Welt und des Menschen. Davon kann freilich im Blick auf die historische Erfahrung vom Prozess der Modernisierung keine Rede sein. Die Religion schrumpft oder schwindet nicht. Im Gegenteil: Gegen machtvolle und gewalttätige Versuche ihrer Beseitigung zu Gunsten innerweltlicher totalitärer politischer Ideologien konnte sie sich behaupten (und dabei auch selber machtvoll und gewalttätig werden oder bleiben), und auch dem sanften Überzeugungsdruck säkularer Denkweisen konnte sie standhalten. Freilich: Die intellektuellen Diskurse der Eliten, insbesondere in den Wissenschaften und in den auf sie bezogenen Bildungsinstitutionen, waren und sind säkular. Und wenn auch die Religion als Institution nicht verschwunden ist, so bestimmt sie doch in den kulturell führenden Ländern längst nicht mehr das Leben der Menschen (im Vergleich zu vormodernen Zeiten). Modernität scheint als Bestimmungsgröße kultureller Orientierung mit Säkularität identisch zu sein.

Aber diese Identifikation überzeugt historisch und sachlich-systematisch nicht. Historisch ist die Religion auch als Vorgang kultureller Sinnbildung wirksam geblieben, und zwar nicht nur reaktiv auf die Religionskritik des modernen Verstandesgebrauchs. Sie hat ihren eigenen Modernisierungsprozess durchgemacht, an dessen Ende sie mit guten Gründen eine Sinnproduktion beanspruchen kann, die ihr kein säkularer Diskurs streitig machen kann.[4] Die »Gottferne« scheint nicht so weit weg zu sein, wie es lange Zeit aussah. Religion beginnt als Thema in die historische Selbstverständigung über die kulturellen Grundlagen der modernen Gesellschaft einzugehen und einen weniger als bisher angefochtenen Platz als Teilnehmerin an den einschlägigen Diskursen über den Sinn der Welt und des Menschen gewinnen.[5] Daher wird sie auch in den folgenden Überlegungen im Gewebe der roten Fäden der Geschichtskultur erscheinen und auf ihre spezifische Orientierungsleistung hin analysiert.

Warum der Plural »Fäden«? Wenn es darum geht, den Sinn der Geschichte zu ergründen, fragt man nach dem roten Faden, der die Geschehnisse der Vergangenheit zu einer Geschichte für die Gegenwart zusammengefügt. Man fragt, wie der Faden beschaffen ist und wer mit ihm die Ereignisse der Vergangenheit, die für die Gegenwart wichtig sind, zu einer einheitlichen Darstellung zusammenwebt. Wenn eine solche Frage, landläufig als Frage nach dem ›Sinn der Geschichte‹ formuliert, im Blick darauf beantwortet wird, was sich als Gebilde von Geschichte zur Analyse darstellt und anbietet, dann breitet sich ein Panorama unübersehbarer Vielfalt von Phänomenen aus. Das trifft insbesondere dann zu, wenn nicht nur die eigenen (also westlichen) Traditionen des historischen Denkens und seiner Manifestationen infrage kommen, sondern wenn der Vielfalt von Kulturen in Raum und Zeit Rechnung getragen werden soll (soweit das für einen einzelnen Betrachter möglich ist). In dieser Vielfalt stellt sich der Sinn der Geschichte – sei es als Qualität der zeitlichen Abfolge von Geschehnissen in der Vergangenheit, sei es als Qualität des denkenden Umgangs mit dieser Abfolge – in Vielfalt und Divergenz dar. Das gilt für die eigene Kultur und dann auch für die vergleichende Betrachtung anderer Kulturen.

Je nach den geistigen Gebilden, in denen sich Geschichte darstellt, geht es um verschiedene Fäden, wenn man die Fülle der Phänomene berücksichtigen will. Allerdings teilen diese Fäden eine bestimmte Eigenschaft, die mit der Farbe ›rot‹ metaphorisch angesprochen wird. Sie verknüpfen das Geschehen der Vergangenheit in der Form eines sinn- und bedeutungsvollen zeitlichen Zusammenhangs, und sie manifestieren sich in der Darstellung dieses Zusammenhangs als maßgebenden Gesichtspunkt seiner gedanklich-sprachlichen Kohärenz.

Die folgenden Überlegungen beginnen mit der Analyse dessen, was einen Faden der Geschichte rot macht. Diese Farbmetapher bezeichnet das, was landläufig ›Sinn‹ genannt wird. Was also heißt ›Sinn der Geschichte‹? Wenn man diese Frage gründlich beantworten will, so ist es zunächst erforderlich, sich klarzumachen, was überhaupt mit ›Sinn‹ gemeint ist. Dazu sind längere Überlegungen erforderlich, da es sich um eine fundamentale Bestimmung des geistigen Umgangs des Menschen mit seiner Welt und mit sich selbst handelt.

Dieser Umgang wird nach drei Hinsichten analysiert, in denen er sich vollzieht: Raum, Zeit und menschliches Selbst.

Daran schließen sich Überlegungen zur Religion als besonderer Form menschlicher Sinnbildung an. Sie kann als Folge des umfassenden Verwestlichungsprozesses der Moderne aus dem Blick des Interesses an Geschichte geraten. Der Säkularismus der modernen Geschichtskultur droht sie als obsolet geworden an den Rand der intellektuellen Diskurse zu schieben. Ihr Sinnverlangen und ihr Sinnangebot stehen in einem ausgesprochenen Spannungsverhältnis zur rein innerweltlichen Geschichtskultur der Moderne. Dort wurde der Zugang zur Religion mit dem Verdikt eines *sacrificium intellectus* belegt, das auch heute noch seine Wirkung entfaltet, wenn es um die Begründung und Verteidigung des wissenschaftlich-rationalen Umgangs mit Geschichte geht. Zwar wurde der Religion in jüngerer Zeit einige Aufmerksamkeit geschenkt, weil sie sich partout dem Entzauberungsgebot einer wissenschaftlichen Form der kulturellen Orientierung entzog; aber sie blieb ein Stiefkind der akademischen Sinnbildung. Inzwischen gibt es einige Zweifel an dieser intellektuellen Marginalisierung. Schließlich lässt es sich nicht leugnen, dass nicht alle Hinsichten und Ausführungen religiöser Sinnbildung säkularisierbar, d.h. durch innerweltliche Deutungen ersetzbar und überwindbar sind.

Erst wenn diese allgemeinen und fundamentalen Sinnbestimmungen analysiert worden sind, kann die spezielle Ausformung dieser Sinnbestimmungen im Umgang mit ›Geschichte‹ als einem eigenen Bereich der kulturellen Selbst- und Weltdeutung ins Auge gefasst werden. Der Phänomenbestand ›Geschichte‹ ist hochkomplex. Seine innere Vielfalt soll nicht einfach durch allgemeine Überlegungen zur Logik der historischen Sinnbildung unterlaufen werden. Vielmehr soll es darum gehen, ihn begrifflich zu ordnen und dieser Ordnung gemäß auch unterschiedliche Sinnkriterien und Strategien der historischen Sinnbildung zu unterscheiden und ihr Verhältnis zueinander zu analysieren.

# 1 WAS IST SINN?

Sinn ist die Fähigkeit des Menschen, seine äußere und innere Welt wahrzunehmen, zu verstehen und zu behandeln.[1] Diese Fähigkeit hat eine leibliche Seite, die Sinne. Sie sind die psycho-physische Ausstattung des Menschen, die ihn wahrnehmungsfähig macht. Zugleich bezieht sich ›Sinn‹ aber auch auf das Wahrgenommene und bezeichnet dessen Verständlichkeit. Diese Verständlichkeit betrifft das Wahrgenommene, die Erfahrungsinhalte, und gibt ihnen eine Bedeutung für die Orientierung des menschlichen Lebensvollzuges in Raum und Zeit und in der Subjektivität der Menschen.

›Sinn‹ nennt man die Bedeutung von etwas im Unterschied zu seiner äußeren Gestalt. Mit dieser Bedeutung wird das Wahrgenommene verständlich. Insofern ist der Sinn von etwas die Bedingung der Möglichkeit dafür, es zu verstehen. Bezogen auf menschliches Handeln, bezeichnet ›Sinn‹ seine Ausrichtung auf ein Ziel oder einen Zweck, hat also eine teleologische Bedeutung.

›Sinn‹ ist Vollzug und Resultat des menschlichen Geistes im Umgang mit der (äußeren und inneren) Welt. Er ist als bewusster Denkprozess aufs engste an Sprache gebunden. Er konstituiert Kultur als eigene menschliche Daseinssphäre, die untrennbar mit allen anderen Sphären (wie Wirtschaft, Politik, Gesellschaft, Umwelt) verbunden ist. Ihm kommt Ursprünglichkeit und Autonomie zu; er ist nicht ableitbar von anderen (etwa ›ursprünglicheren‹) Determinanten des menschlichen Lebens.

Insofern führt ein Materialismus, der die Sinnbildungen des menschlichen Geistes von der ›Basis‹ der materiellen Bedingungen des menschlichen Lebens ableitet, in die Irre. Wenn man materialistisch denken will, muss man die Qualität der Sinnhaftigkeit schon in der Materie selbst annehmen. Damit aber landet man nur im Bereich des mythischen Denkens. Das muss ein entschiedener Materialismus wie der von Karl Marx zugeben.

© Springer Fachmedien Wiesbaden GmbH, ein Teil von Springer Nature 2020
J. Rüsen, *Historische Sinnbildung*, https://doi.org/10.1007/978-3-658-32171-0_2

Er war gegen Hegel der Auffassung, dass der menschliche Geist durch materielle Vorgaben determiniert, ja darüber hinaus konstituiert ist. Das hat er in seinem bekannten Denkschema zum Verhältnis von Basis und Überbau unmissverständlich zum Ausdruck gebracht. Wenn man aber genauer hinsieht, erscheint die Ableitbarkeit von Sinn von materiellen Gegebenheiten als wenig eindeutig. Es heißt bei ihm: »Es ist nicht das Bewusstsein der Menschen, das ihr Sein, sondern umgekehrt ihr gesellschaftliches Sein, das ihr Bewusstsein bestimmt.«[2] Diese Dichotomie ist aber keine, da im »Gesellschaftlichen« des Seins stets Sprache und Kommunikation stecken, also das Bewusstsein dem materiellen Sein der menschlichen Gesellschaft wie der Igel dem Hasen in der bekannten Geschichte entgegen rufen kann: Ick bün allhier.

Die gleiche Unstimmigkeit lässt sich an Marx' Anthropologie der Geschichte aufzeigen, an seiner Theorie der Konstitution des geschichtlichen Charakters der menschlichen Welt. Seine Analyse beginnt mit dem Brustton des Materialismus, »dass wir die erste Voraussetzung aller menschlichen Existenz, also auch aller Geschichte konstatieren, nämlich die Voraussetzung, dass die Menschen imstande sein müssen zu leben, um Geschichte machen zu können«, also »die Produktion des materiellen Lebens selbst«. Marx nennt diese Produktion »die erste geschichtliche Tat«. Sie besteht in der »Erzeugung der Mittel zur Befriedigung dieser Bedürfnisse« (nämlich: »Essen und Trinken, Wohnung, Kleidung und noch einiges andere«). Eben diese Erzeugung der Mittel macht aber Gebrauch von der geistigen Fähigkeit der instrumentellen Vernunft; auch hier ist also der Sinn als nichtmaterieller Faktor des menschlichen Lebens bereits wirksam.[3]

›Sinn‹ ist untrennbar mit der menschlichen Sinnlichkeit verbunden. Er hat insofern keine rein metaphysische Qualität als von der ›Natur‹ (der Leiblichkeit des Menschen) unabhängige Größe. Der Sinn-Begriff bringt also die Doppelnatur des Menschen zum Ausdruck, sinnliches Lebewesen als Teil der Natur und ›über‹-natürliches, nämlich kulturelles Lebewesen zu sein, das sich seine Welt über alle Natur hinaus und oft genug auch gegen die Natur schafft. In aktuellen Trends der Kulturwissenschaften wird der traditionelle Unterschied zwischen (menschlicher) Kultur und außermenschlicher (Natur) immer kleiner geschrieben. Das Menschsein wird post-human und verliert damit zunehmend den Sinn seiner selbst. Damit soll der Erfahrung Rechnung getragen werden, dass wir Menschen alles andere als Herren und Meister der Natur (Descartes) sind, sondern durch unsere Herrscherattitüde die naturalen Grundlagen unseres Lebens zerstören (können). (Im »animal turn« der Kulturwissenschaften wird entsprechend die Differenz zwischen Mensch und Tier bis zur Unkenntlichkeit heruntergespielt.) Alle diese Tendenzen übersehen, dass ihnen ein Zuwachs als anthropologischer Substanz zugrunde liegt. Inzwischen dürfte unabsehbar klar geworden sein, dass dem Menschen angesichts der Klimakatastrophe eine neue Sinn-Bestimmung zuteilwird. Er wird *verantwortlich* für die Natur. Mit dieser Verantwortung wächst seine kulturelle Differenz zur Natur. Denn von keinem anderen Lebewesen lässt sich Vergleichbares sagen. Die Natur ist inzwischen in die Sinnbestimmtheit des menschlichen Lebens hineingewachsen.

›Sinn‹ ist also eine fundamentale und konstitutive Bestimmungsgröße des Menschen als Menschen, hat also genuin anthropologische Bedeutung. Man könnte sagen: *der Sinn des Sinns ist der Mensch.*

Dieser Selbstbezug macht den Menschen erst zum Menschen, zum Kulturwesen, das sich sinnbildend seine Natur aneignen und als Kultur, als ›zweite Natur‹, hervorbringen muss. Dies geschieht durch sein handelndes (und immer auch leidendes) Umgehen mit seiner Welt. Die menschliche Subjektivität bildet sich nicht einfach durch die sprachliche Leistung der Deutung seiner Lebensumstände, sondern durch sein Handeln in und mit ihnen. Sinn erschließt dem Handeln nicht nur seine Tätigkeitsbereiche, sondern macht es zielbewusst (oft auch: unbewusst); er gibt ihm eine teleologische Struktur.

Immanuel Kant spricht dem Menschen als solchem unangesehen jeder konkreten Lebensform »Würde« zu. Würde heißt für ihn, dass der Mensch in seinem bloßen Menschsein immer mehr ist als ein Mittel für die Zwecke anderer Menschen, sondern ein Zweck in sich selber.[4] Diese Selbstzweckhaftigkeit ist in der ›Ich-lichkeit‹ der menschlichen Subjektivität[5] grundsätzlich angelegt. Kant bezieht sich auf das Phänomen der ›Zweckrationalität‹: Alles menschliche Handeln ist zweckgeleitet (bewusst oder unbewusst); es realisiert seine Zwecke, in dem es dazu passende Mittel mobilisiert. Im Anschluss an Max Weber lassen sich daher zwei handlungsleitende universelle Rationalitäten unterscheiden: Sinn- und Zweckrationalität.[6] Sie sind logisch zugleich klar trennbar und doch untrennbar miteinander verbunden. Reine Zweckrationalität (eigentlich müsste es ›Mittel-‹ oder ›instrumentelle Rationalität‹ heißen) ist sinnlos und stellt sich in ihren kulturellen Kontexten als Problem (Mittel des Handelns können seine Zwecke dominieren) dar. Reine Sinn- oder Wertrationalität ist ebenfalls problematisch, weil sie den menschlichen Lebensvollzug von den technischen Möglichkeiten abspaltet, auf die er notwendig, um leben zu können, Bezug nehmen muss. Diese spannungsreiche Dimensionierung des menschlichen Handelns trägt sich in der Ethik als Verhältnis zwischen Gesinnungs- und Verantwortungsethik aus.

Reine Gesinnungsethik, der es nur um die Verwirklichung der normativen Vorgaben (Zwecke) des Handelns geht, setzt sich über die stets vorgegebenen Umstände des Handels hinweg und kann ihnen gegenüber zerstörerisch wirken, also den Menschen seiner Lebenschancen berauben. Demgegenüber verlangt eine Verantwortungsethik, die Umstände des Handelns und seine Folgen zu berücksichtigen. Sie stellt also eine notwendige Ergänzung, ja Vervollkommnung der Gesinnungsethik dar, der es nur um die Zwecke und ihre treibende Kraft der Handlungsmotivation geht.

Sinn ist in Wahrnehmung und Deutung als Vorgabe der Welt an den Menschen und Aufgabe des Menschen in der Welt stets prekär und in dauernder Bewegung. Er liegt nämlich genau dort, wo die Bedürfnisse des Menschen nach der inneren und äußeren Ordnung seiner Welt mit den gegebenen Bedingungen seines Lebens zusammenstoßen. Das Grundmotiv des menschlichen Handelns hat Thomas Jefferson in der amerikanischen Unabhängigkeitserklärung »pursuit of happiness« genannt. Dieses Glücksstreben zielt immer auf mehr als die Wirklichkeit hergeben will. Goethe hat das im »Faust« so ausgedrückt:

»Zwei Seelen wohnen, ach! In meiner Brust,
Die eine will sich von der andern trennen:
Die eine hält, in derber Liebeslust,
Sich an die Welt mit klammernden Organen;
Die andre hebt gewaltsam sich vom Dust
Zu den Gefilden hoher Ahnen.«[7]

Durchgängig ist die menschliche Bedürfnis-›Natur‹ (besser wäre es, von Bedürfnis-Kultur zu reden) von einer inneren Dynamik geprägt: die Erfüllung von Bedürfnissen erzeugt (qualitativ) neue Bedürfnisse. ›Satt an Sinn‹ – das dürfte die äußerste Ausnahme einer Lebenssituation sein. Es gibt sie, aber sie wird als Ausnahme, als seltener Glücksfall, wahrgenommen. Dieser Erfüllung gegenüber steht die Erfahrung des Sinnverlustes in traumatischen Vorgängen der Unmenschlichkeit. Zwischen beiden Extremen geschieht Sinn im Wechselspiel von Bedingungen der Vorgabe an Lebenschancen und der Arbeit daran, diese Vorgaben lebensdienlich zu erhalten oder zu machen. Der seltenen Sinnerfüllung steht die ›Unruhe des Herzens‹ entgegen, die Augustinus[8] als Triebkraft des menschlichen Geistes angesehen hat und von der er meinte, dass sie sich nur in einer die Welt übersteigenden Dimension des Göttlichen beruhigen könne.

Diese innere Dynamik des Sinns speist sich aus seinen Grenzen, Verwerfungen und Versagungen, die er jeweils in konkreten kulturellen Kontexten der menschlichen Lebensführung annimmt. Je nach sozialer Lage sehen die Sinnbedürfnisse und Sinnvorgaben der Menschen verschieden, ja auch gegensätzlich aus. Diese Verschiedenheit und Gegensätzlichkeit manifestiert sich im Kampf um Anerkennung der Subjekte im gesellschaftlichen Lebenszusammenhang als ein mächtiges Konfliktpotenzial. Es hält die kulturellen Lebensbedingungen in ständiger Bewegung und konstituiert die Geschichtlichkeit der menschlichen Lebensform.

Sinn ist im Widerspiel von Absicht und Versagung, im Widerstreit der Interessen von Personen, Gruppen, Gesellschaften und Kulturen stets prekär. Er ist angewiesen auf einen tätigen mentalen Umgang mit ihm, auf Verstehensanstrengungen, Kritik, Anerkennung und Zurückweisung, Erneuerung und Veränderung. Ohne tätige Bearbeitung würde er zerbrechen oder sich auflösen. Daher gibt es auch keine gesellschaftlichen Lebensformen, in der nicht Beauftragte oder Spezialisten für den Sinn (z.B. Schamanen, Priester, Künstler, Kulturwissenschaftler) und entsprechende Institutionen von Sinnreflexion (Religion, Kunst, Wissenschaft) tätig wären.

Aus dieser Verschiedenheit und Gegensätzlichkeit speist sich die Dynamik der Sinnbildung. Zu ihr gehört die mentale Anstrengung, eine Kohärenz von Sinn in der kulturellen Orientierung der Menschen zu erhalten oder zu gewinnen. Das gilt für einzelne Personen wie auch für alle Formen ihrer Vergesellschaftung. ›Personalität‹ steht für die Kohärenz von einzelnen Subjekten, ›Gemeinschaftlichkeit‹ für die Kohärenz der sozialen Formationen. ›Nation‹ ist ein neuzeitlich höchst bedeutungsvolles und gegenwärtig recht umstrittenes Beispiel für eine solche soziale Sinnkohärenz.[9] Jedem ›Ich‹ und jedem ›Wir‹ liegt ein Sinnkonzept zu Grunde. Seine Zerstörung wird als lebensbedrohend empfunden und führt in der Regel zu aggressivem Verhalten.

›Sinnkonzept‹ ist eine systematische Verknüpfung von Gesichtspunkten der Deutung von Mensch und Welt, die die drei Dimensionen der Lebensführung umgreift – Raum, Zeit und Selbst – und in ihnen Orientierung verschafft. Es lässt sich folgendermaßen definieren: »Sinnkonzept ist ein plausibler und verlässlich beglaubigter reflektierter Bedeutungszusammenhang der Erfahrungs- und Lebenswelt. Er dient dazu, die Welt zu erklären, Orientierungen vorzugeben, Identität zu bilden und Handeln zweckhaft zu leiten.«[10]

›Sinn‹ wird zum Fundamentalbegriff der menschlichen Welt- und Selbstdeutung erst seit der zweiten Hälfte des 19. Jahrhunderts.[11]

# 2 SINNDIMENSIONEN: RAUM, ZEIT, SELBST

a) RAUM

Sinnkonzepte machen aus dem *Raum* eine ›Welt‹, ein lebbares Territorium mit inneren und äußeren Grenzen und verschiedenen Dimensionen. Raum als abstrakte Kategorie ist eine historisch späte Konzeption. Ursprünglich war er eine Welt, in der Vertrautheit und Fremde, Heimatlichkeit und Wildnis klar geschieden und handlungsrelevant aufeinander bezogen wurden.[1] Raum war zentriert um die eigene bewohnte Welt. Deshalb war oft die Hauptstadt des eigenen Reiches oder der Ort höchster religiöser Bedeutung (z. B. Jerusalem, Mekka) auch das Zentrum der Welt im Ganzen. In China ist dieses Zentrum als steinernes Gebilde im Tempel des Himmels in Peking sichtbar (und von Touristen ohne weiteres betretbar).

Die eigene Welt war ›heimisch‹, d. h. vertraut, die andere, größere war un-heimlich, bedrohlich, dämonisch. Gegen diese musste das Vertraute und Bewohnte apotropäisch geschützt werden. (Diese uralte räumliche Sinndimension hat sich – natürlich abgeschwächt und kosmopolitisch zivilisiert – bis heute erhalten, wie die Diskussion um sichere Grenzen in Europa angesichts drohender oder erfolgter Flüchtlingsströme eindrücklich zeigt.)

Räumlichkeit wurde durch Sinn zivilisiert. Ihre Erstreckung grenzte eine menschen-affine Welt von einer menschen-fremden und dämonisch bedrohlichen Welt ab. Raum kann zu einem abstrakten Sinnkonzept werden, das kosmopolitische Einstellungen ermöglicht und eine ganze Wirklichkeitsdimension für sich, jenseits der jeweils eigenen Welt, definiert. Diese Dimension verlangt und findet eigene Deutungsmuster (z. B. geometrische) und Umgangsformen (z. B. in See- und Raumfahrt). Innerhalb des sinnhaft erschlossenen Raumes der menschlichen Welt gibt es natürlich

Peking, Tempel of Heaven, Photo Jörn Rüsen 16.9.2005

weitere Differenzierungen, z.B. zwischen virtuell-fiktiven und wirklichen Räumen.

### b) ZEIT

Auf ähnliche Weise verwandeln Sinnkonzepte die *Zeit.* Sie dienen dazu, das Früher und Später, das Vergangene und Zukünftige so auf Gegenwart zu beziehen, dass menschliches Handeln erfahrungsgestützt und zukunftssicher erfolgen und menschliches Leiden bewältigt werden kann. Sinn verwandelt natürliche in humane Zeit. Er bezieht die Naturzeit (Werden/Vergehen, Tag/Nacht, Jahresverlauf, Sternenbewegungen) so auf die menschliche Welt, dass sie mit dem Sinnbedarf des menschlichen Geistes kompatibel wird. Der Sternenlauf z.B. wird astrologisch auf das Schicksal von Menschen bezogen, der Wechsel von Jahreszeiten rituell in die Agrarwirtschaft einbezogen etc. Schließlich wird die Kontingenz unkalkulierbarer Zeitverläufe und Ereignisse durch Erzählen so gedeutet, dass sie lebensdienlich verstanden und bewältigt werden kann.

Stets droht dieser Sinnhaftigkeit von Raum und Zeit ein Umschlag in

Sinnlosigkeit. Kontingenz wirft immer einen Schatten von Bedrohung. Traumatische Erfahrungen und Ereignisse zerstören lebensdienliche Zeitkonzepte. Sie konfrontieren die menschlichen Subjekte mit unerträglicher Sinnlosigkeit, die – wenn sie nicht ins Unbewusste verdrängt wird und dort als Störfaktoren der Zeitdeutung und Selbstwerdung wirksam bleibt – nur schwer bewältigt werden kann.

Die unvermeidliche Sterblichkeit des Menschen verlangt ihm eine besondere Sinnbildung ab, die über den innerweltlichen Ablauf seines Lebens zwischen Geburt und Tod hinaus eine Dauer in anderer Gestalt und Wirklichkeitsdimension verspricht. Raum und Zeit haben als Sinngebilde sehr oft ein ›Jenseits‹ das die Versagungen des Diesseits kompensieren kann und so ein Sinnganzes vorstellbar macht, das seine innerweltliche Zerstückelung kompensieren oder gar heilen kann.

## c) SELBST

Im menschlichen *Selbst* schließlich, in der Vorstellung, wer man als Mensch in der Welt eigentlich ist, wird die Selbstreferenz von Sinnbildung thematisch und manifest. Alle Kulturen sprechen dem Menschen eine kosmologische Sonderstellung zu, die ihn von aller unbelebten und belebten Natur unterscheidet. In dieser Sonderstellung ordnet er sein Leben nach reflektierbaren Gesichtspunkten; es wird normativ ausgerichtet und kommunikativ verhandelt. Die Erkenntnis von Gut und Böse legt dem Menschen eine normative, wertbezogene Ausrichtung seines Handelns auf, die er oder sie als Chance oder als Last empfinden mag, die aber auf jeden Fall geleistet werden muss. Diese Leistung konstituiert seine Subjektivität.[2]

Dieses sinnhafte Selbstkonzept kann natürlich in ganz verschiedenen Formen ausgeprägt und gelebt werden. Ihre Vielfalt reicht von Fetischen und projizierten Götterbildern bis zur humanistischen Individualität der Moderne. In jedem Falle aber bedeutet das menschliche Selbst, dass der Mensch kein bloßes Naturwesen ist, sondern seine Natürlichkeit transformieren muss, indem er sich z. B. die kulturelle Signatur seines Lebens in seine Haut einschneiden lässt oder pharmazeutisch sein Leben verlängert. Jüngst artikuliert sich sogar Menschsein post-human in Fantasien von Maschinenmenschen oder Übermenschen, die alle bisherigen Gestaltungen des Menschseins hinter sich lassen. Dabei werden nur allzu oft anthropologische Konstanten und Universalien übersehen, deren Ausblendung unmenschliche Praktiken des Umgangs miteinander freisetzen können.

Ich sehe vier solcher Universalien, die sich in aller zeitlichen Dynamik des Menschseins durchhalten: seine *Fragilität,* die ihn von anderen Menschen existenziell abhängig macht, seine *Fehlbarkeit* (Fallibilität), die ihn in Prozessen stetiger Wahrheitssuche festhält, seine *Verwundbarkeit* (Vulnerabilität), die ihn einer stetigen Gefährdung seines Lebens aussetzt, und den Schatten seiner *Unmenschlichkeit* (Inhumanität), der ihn als moralische Ambivalenz in allen Prozessen der Zivilisierung und Humanisierung zu einer Lebensform begleitet und ihn stets mit der Herausforderung konfrontiert, sich seiner Menschlichkeit sinnhaft-reflexiv und aktiv-praktisch zu versichern.

In einer universalhistorischen Perspektive lässt sich die zeitliche Dynamik der Sinnbildung entwicklungstheoretisch ordnen. In abstrakt-idealtypischer Vereinfachung handelt es sich um die Wendung von objektiven Sinnvorgaben zu subjektiver Sinnbildungsleistung. Natürlich sind diese beiden Modi der Sinnbildung stets ineinander verschoben. Auch dann, wenn – wie zum Beispiel bei Max Weber – der Mensch als Kulturwesen definiert wird, »begabt mit der Fähigkeit und dem Willen, bewusst zur Welt Stellung zu nehmen und ihr einen Sinn zu verleihen,«[3] geschieht diese Sinngebung nicht voraussetzungslos. Weber hatte sich die Sache erkenntnistheoretisch so zurechtgelegt, dass dem menschlichen Sinnschöpfer eine sinnlose ›chaotische‹ Wirklichkeit gegenübersteht. In dieser Vorstellung gewinnt der Mensch die Rolle des Schöpfers der Welt, wie sie im Anfang der Bibel als Verwandlung von Chaos (Tohuwabohu) in Kosmos durch Gott beschrieben wird. Nun ist aber die Wirklichkeit im menschlichen Lebensvollzug alles andere als chaotisch (das wird sie erst in einer künstlichen erkenntnistheoretischen Abstraktion), sie ist, wie Heideggers Existentialontologie überzeugend gezeigt hat, immer schon ›gelichtet‹, d.h. sinnhaft vorgegeben.[4]

Wie dieser Sinn in die Welt kommt, bzw. gekommen ist, ist eine andere Frage:[5] Ursprünglich, in alten Kulturen, ja in den meisten Kulturen bis zum Beginn der Moderne, wurde die sinnhafte Weltordnung als objektive Vorgabe, analog zur Vorgabe der Natur angesehen, als Schöpfung eines numinosen Wesens zumeist, aber stets als vor- oder über-menschlich gedeutet. Es erhoben sich freilich immer wieder abweichende Stimmen (wie diejenige des Protagoras), die den Menschen zum Maß aller Dinge und die Götter als menschliche Projektionen entzauberten. Aber die Einordnung der menschlichen Welt in eine kosmische Ordnung, die dem Menschen seinen Platz in der Welt und die Möglichkeiten seines Handelns und Leidens vorgibt, war und blieb sinntheoretisch dominant.

In einer langfristigen Entwicklung jedoch kehrte sich die Beziehung zwischen Weltordnung und menschlicher Schöpferkraft um. Metaphysische Sinnvorgaben verloren ihre Überzeugungskraft, und der Mensch rückte in die Rolle des Sinngaranten seiner Welt ein. Damit gewann er das, was in seiner moralischen Disposition immer schon angelegt war: seine Würde. Pico della Mirandola hat in seinem Essay »De dignitate Hominis« (Über die Würde des Menschen) von 1486/87[6] diese Würde, Schöpfer seiner eigenen Kultur zu sein, noch als Gabe des Schöpfergottes an sein Geschöpf beschrieben. »Weder als einen Himmlischen noch als einen Irdischen habe ich Dich geschaffen und weder sterblich noch unsterblich dich gemacht, damit du wie ein Former und Bildner deines selbst nach eigenem Belieben und aus eigener Macht zu der Gestalt dich ausbilden kannst, die du bevorzugst.«[7]

Langfristig wurde diese Würde dann als ursprünglich mit der Natur des Menschen als Kulturwesen angesehen. Kant hat sie, wie schon gesagt, als anthropologisches Fundamentaldatum beschrieben: jeder Mensch sei mehr als nur ein Mittel zum Zwecke anderer, sondern ein Zweck in sich selbst. Diese Selbstzweckhaftigkeit mache seine Würde aus.

»Der Mensch im System der Natur (homo phaenomenon, animal rationale) ist ein Wesen von geringer Bedeutung und hat mit den übrigen Thieren, als Erzeugnissen des Bodens, einen gemeinen Werth (pretium vulgare). Selbst, daß er vor diesen den Verstand voraus hat und sich selbst Zwecke setzen kann, das giebt ihm doch nur einen äußeren Werth seiner Brauchbarkeit (pretium usus), nämlich eines Menschen vor dem anderen, d.i. ein Preis, als einer Waare, in dem Verkehr mit diesen Thieren als Sachen, wo er doch noch einen niedrigern Werth hat, als das allgemeine Tauschmittel, das Geld, dessen Werth daher ausgezeichnet (pretium eminens) genannt wird.

Allein der Mensch, als Person betrachtet, d.i. als Subject einer moralisch-praktischen Vernunft, ist über allen Preis erhaben; denn als ein solcher (homo noumenon) ist er nicht blos als Mittel zu anderer ihren, //VI435// ja selbst seinen eigenen Zwecken, sondern als Zweck an sich selbst zu schätzen, d.i. er besitzt eine Würde (einen absoluten innern Werth), wodurch er allen andern vernünftigen Weltwesen Achtung für ihn abnöthigt, sich mit jedem Anderen dieser Art messen und auf den Fuß der Gleichheit schätzen kann.

Die Menschheit in seiner Person ist das Object der Achtung, die er von jedem anderen Menschen fordern kann; deren er aber auch sich nicht verlustig machen muß. Er kann und soll sich also nach einem kleinen sowohl als großen Maßstabe schätzen, nachdem er sich als Sinnenwesen (seiner thierischen Natur nach), oder als intelligibeles Wesen (seiner moralischen Anlage nach) betrachtet. Da er sich aber nicht blos als Person überhaupt, sondern auch als Mensch, d.i. als eine Person, die Pflichten auf sich hat, die ihm seine eigene Vernunft auferlegt, betrachten muß, so kann seine Geringfähigkeit als Thiermensch dem Bewußtsein seiner Würde als Vernunftmensch nicht Abbruch thun, und er soll die moralische Selbstschätzung in Betracht der letzteren nicht verläugnen, d. i. er soll sich um seinen Zweck, der an sich selbst Pflicht ist, nicht kriechend, nicht knechtisch *(animo servili)*, gleich als sich um Gunst bewerbend, bewerben, nicht seine Würde verläugnen, sondern immer mit dem Bewußtsein der Erhabenheit seiner moralischen Anlage (welches im Begriff der Tugend schon enthalten ist), und diese Selbstschätzung ist Pflicht des Menschen gegen sich selbst.«[8]

Gott wird nur noch (als bloßes Postulat) dafür in Anspruch genommen, dass diese Selbstzweckhaftigkeit mit dem natürlichen Glücksstreben des Menschen vereinbar wird. So bleibt schließlich die Sinngarantie der menschlichen Lebensführung an ihren Subjekten haften und teilt mit ihnen ihre grundsätzliche Gefährdung durch Fragilität, Fallibilität, Vulnerabilität, und Inhumanität.

Es gibt eine Form der menschlichen Subjektivität – der Eigenschaft des Menschen, ein Subjekt zu sein –, die für das historische Denken eine besondere Bedeutung hat: die *Identität*. Jeder Mensch hat eine, er oder sie *ist* jemand und kann die Frage danach – wie zögerlich auch immer – wer er oder sie sei, beantworten. Identität ist also definiert als Antwort auf die Frage, wer man ist.[9] Es lässt sich kaum bestreiten, dass es solche Fragen und Antworten gibt. Sie mögen nicht oft vorkommen, aber sie gehören untrennbar zum Verhältnis jedes Menschen zu sich selbst, fast immer im Spiegel von anderen, aber natürlich auch im Verhältnis zu den andern. Kierkegaard hat den Menschen mit recht als ein Verhältnis definiert, dass sich zu sich selber verhält.[10]

Selbstbezüglichkeit ist eine essenzielle Eigenart, ein Wesensmerkmal der menschlichen Subjektivität. Identität ist eine Manifestation dieser Selbstbezüglichkeit. Sie artikuliert sich im Verhältnis zu anderen Menschen, und zwar in doppelter Weise: personal und/oder sozial. (Das eine hängt immer aufs engste mit dem anderen zusammen.) Personal geht es um ein konkretes Ich, eine Person in ihrer individuellen Ausprägung, in der Besonderheit, mit der sie sich von anderen unterscheidet. Sozial geht es um eine lebensbestimmende Zugehörigkeit zu anderen, die zugleich eine Abgrenzung von wieder anderen ist. Christsein zum Beispiel ist eine individuelle religiöse Glaubenseinrichtung, aber auch eine soziale Zugehörigkeit zu einer Gruppe (zum Beispiel zu einer Kirche).

Diese Ausprägung von Subjektivität ist ein Befund des alltäglichen Lebens und ein Tatbestand jeder historischen Erfahrung (wenn sie sich auf

Akteure vergangenen Geschehens bezieht). Dennoch ist sie intellektuell heftig umstritten. Seit sich die Psychologie dieses Tatbestandes angenommen hat, verschwimmen seine Konturen in einem heftigen Für und Wider.[11] Mit Recht wird darauf hingewiesen, dass jedes menschliche Subjekt mehr als nur eine Qualifikation seines (reflektierten) Selbstverhältnisses aufweist: man ist nicht nur eines, sondern immer vieles: geschlechtlich Mann oder Frau, oder gar keins von beiden, politisch liberal oder konservativ, kulturell westlich oder nicht-westlich (chinesisch, indisch etc.). Es gibt viele nationale Zugehörigkeiten, aber auch eine Abwehr solcher Zugehörigkeit, wenn man sich kosmopolitisch oder in seiner politischen Identität regional versteht. Jeder Mensch ist immer Vieles, und das personal und sozial. Was heißt dann noch Identität im Singular als Charakteristikum einer Person oder einer Gruppe?

Aber sind Vielfalt und mit ihr auch Divergenz und Widersprüchlichkeit das letzte Wort, wenn es darum geht, eine Person in ihrer lebensbestimmenden persönlichen und sozialen Bestimmtheit als Subjekt wahrzunehmen? Die fundamentale Kritik an der Vereinheitlichung von Subjektivität als Identität übersieht eine schlichte Tatsache: dass nämlich jeder Mensch ein deutliches Bewusstsein von sich selbst hat (schon im Mutterleib) und sich erkennbar von etwas oder jemand anderen unterscheidet, ja abgrenzt. Ein schlagendes Beispiel für diese konstitutive Selbstbezüglichkeit ist der Schmerz: unabweisbar wird er jeweils von einem Subjekt als ›sein‹ Schmerz empfunden (Abspaltungen vom Subjekt, um Unerträgliches zu ertragen, lasse ich außer Acht).

Auf diesem schlechthinnigen Selbstsein baut sich die menschliche Subjektivität als Selbstverhältnis von einzelnen Subjekten auf und entwickelt sich im Laufe der Sozialisation zu konkreten Manifestationen von Personalität. Sie kann sich im Laufe eines Lebens erheblich verändern, aber die Selbstbezüglichkeit als solche zieht sich durch alle Veränderungen hindurch; man bleibt, wer man ist, auch und gerade dann, wenn man anders wird. Dieses Sichdurchhalten in Wandel und Veränderung macht die menschliche Subjektivität in den Prozessen ihrer personalen und sozialen Identitätsbildung geschichtsträchtig: Sie spinnt sich in der Selbstwahrnehmung und -deutung des Menschen wie ein roter Faden durch seine Veränderungen im persönlichen und sozialen Leben hindurch. Das gilt nicht nur für die Zeitspanne eines Lebens, sondern bezieht eine vorgeburtliche und nachtodliche Zeit mit ein. Vorgeburtlich erweitert sich das Bewusstsein des Subjekts von sich selbst durch Erzählungen des kulturellen und sozialen Gedächtnisses seiner Umgebung, und nicht wenige Zukunftsperspektiven der je eigenen Lebensgestaltung weisen in eine nachtodliche Zeit.

Geschichte entfaltet sich als geistige Tätigkeit in dieser vorwärts und rückwärts transzendierten Zeit. Diese Zeit ist integraler Teil des menschlichen Selbstverhältnisses; sie ist die Grundlage der menschlichen Identität. Sie kann höchst unterschiedliche Formen annehmen. Ihre Transzendierung in Vergangenheit und Zukunft kann sich z. B. in einer Wiedergeburtslehre ausdrücken; sie hat sich lange Zeit zumeist religiös artikuliert. Aber sie tritt auch in säkularer Form auf und verbindet sich mit innerweltlichen Heils- und Erlösungshoffnungen und -erwartungen, die sehr einschneidende praktische Konsequenzen haben können, zum Beispiel eine Bereitschaft, sich zu opfern oder Andere um der besseren Zukunft willen zu töten.

Diese zeitliche Erstrecktheit des menschlichen Selbstverhältnisses, dieses Ausgreifen von Identität vor die Geburt und hinter den Tod macht das Phänomen der menschlichen Identität geradezu zu einem Urphänomen der Geschichte.[12] In ihm gründen letztlich alle Bemühungen in der menschlichen Kultur, Vergangenheit gegenwärtig und Zukunft erwarten zu machen.

# 3 RELIGION – IMMANENZ UND TRANSZENDENZ

Religion ist ein Sinnkonzept, das Fragilität, Fallibilität, Vulnerabilität und Inhumanität als Grundbestimmtheiten des Menschseins nicht einfach als anthropologisch fundamentale Tatsachen hinnimmt, sondern sie als herausfordernde Problemlage des Menschseins ansieht und Lösungen entwickelt und lebenspraktisch realisiert.

Dass der Mensch leiden muss, ist eine genauso elementare Tatsache seiner Kultur-Natur wie sein Handeln-müssen, um leben zu können. Leiden schafft Sinnbedarf, der durch Handeln allein nicht erfüllt werden kann.[1] Es sei denn, dass das Handeln eine spezifisch religiöse Form annimmt.[2] In dieser Form bezieht es sich auf eine übernatürliche Welt, in der Kräfte herrschen, die sein Leiden beenden können. Diese Kräfte haben numinosen Charakter. Religion stiftet Sinn durch Rekurs auf göttliche Wesenheiten oder (um die Religionen nicht auszuschließen, die keinen konstitutiven Gottesbezug kennen) übernatürliche Dimensionen der Welt. Das Entscheidende ist der numinose Charakter dieser Wesenheiten oder Dimensionen, mit dem sie den sie verehrenden Menschen aus irdischen Kontexten seiner Welt herausziehen und (zeitweilig) in einer anderen, besseren Welt beheimaten. Diese überirdische Welt wird als Kraftquelle zur Bewältigung der Leiden verursachenden irdischen Welt wahrgenommen und praktisch verwendet.[3]

Die religiöse Sinn(ein)stiftung geschieht durch ein bestimmtes Handeln, das die übermenschliche Welt in die menschliche einholt und dort zur Wirkung bringt. Diese Wirkung kann man hinsichtlich des Menschen ›Erlösung‹ nennen. Sie wird als Befreiung vom Leid und als Erhebung in einen Zustand übermenschlichen Bewusstseins in der Begegnung mit dem Numinosen erlebt. Religion ist also alles andere als Wunder- und Dogmenglaube. Sie wird als Einbruch des Numinosen in die als leidvoll oder zumindest als sinndefizitär empfundenen Welt erfahren. ›Wunder‹ sind Modi solcher Erfahrung, und Dogmen sind Versuche, sie in der Form von kognitiven Deutungen zu rationalisieren.

Religiöser Sinn wird in den drei Dimensionen der menschlichen Lebenspraxis (Zeit, Raum, Selbst) zur Geltung gebracht. Er manifestiert und institutionalisiert sich in konkreten Formen und Praktiken.

*Zeit* wird durchgängig mit Verweisen auf religiöse Sinnquellen versehen, so zum Beispiel in der Besetzung des Kalenders mit Gedenktagen religiös wichtiger Ereignisse und Hinweisen auf Heilige. Die Jahreszeiten und ihr Wechsel werden mit kultischen Handlungen begleitet. Auf ein besonders eindrückliches Beispiel religiöser Sinnbildung als Bedingung des gesellschaftlichen Zusammenhalts hat René Girard hingewiesen: Die Ermordung unschuldiger Sündenböcke vollzieht sich religiös als kultischer Prozess der Erlösung von ›Sünden‹ (Abweichungen von gesellschaftlich sanktionierten Normen).[4] Dieses Beispiel steht zugleich für die Tatsache, dass auch und gerade die religiöse Sinnbildung die Ambivalenz der menschlichen Weltdeutung, Handlungsanleitung und Leidensbewältigung teilt, die aus der anthropologisch fundamentalen Kulturnatur resultiert und sich in der Dialektik von Menschlichkeit und Unmenschlichkeit austrägt. Religionskriege, Hexen- und Ketzerverbrennungen und der Terror des Fundamentalismus stehen dafür: Die Flamme und das Töten sollen die normativen Abweichungen (›Sünden‹) vertilgen und insofern Erlösung von Schuld erbringen. Zugleich schaffen sie schweres Leid. Erlösung zahlt hier dann den Preis der Inhumanität.

Hinsichtlich des *Raums* separiert Religion das Heilige vom Profanen.[5] Sie zeichnet Orte besonderer Heilswirksamkeit aus, aber auch das Gegenteil: Orte der Verdammnis. Diese Unterscheidung kann kosmologisch, geographisch, aber auch psychologisch vorgenommen werden. Kosmologisch werden Himmel und Hölle, geographisch heilige Orte (z. B. Kirchen, Pilgerpfade) von profanen (z. B. Rathäuser, Banken, Privatwohnungen), psychologisch religiöse Erfahrungen von ›normalen‹ Erfahrungen[6] unterschieden.

Auch das menschliche *Selbst* erfährt durch Religion eine sinnhafte Konstitution seiner Subjektivität. Das Numinose steigert seinen (anthropologisch universellen) Selbst-Bezug ins Grandiose. Es kann sich als Ebenbild Gottes fühlen und im Umgang mit der Natur dessen Schöpferkraft imitieren. Es kann ekstatisch ins Numinose aufgehen und damit Kraft für sein leidensgeprägtes Leben gewinnen. Die Fülle solcher religiöser Subjektivierungsleistungen ist enorm; in jedem Falle aber lädt sich menschliche Subjektivität durch Religion mit Sinn auf.

Religiöse Sinnbildung steht im Widerspruch zu den Widrigkeiten des alltäglichen menschlichen Lebens. Sie hebt sie in die Vorstellung eines ›anderen Zustands‹ (Robert Musil)⁷ auf, kann sie aber nicht beseitigen. Immer dann, wenn diese Widrigkeiten real-praktisch (also mit Macht) beseitigt werden sollen, entstehen neue, weil sich die Ambivalenz des Menschseins in seiner anthropologisch-fundamentalen Kulturnatur nicht beseitigen lässt. Ideen eines Übermenschen oder einer post-humanen Existenz von Menschen als Cyborgs sind Versuche, aus dieser inneren Dialektik des Menschseins auszubrechen. Sie übersehen geflissentlich, dass sich diese Dialektik in ihnen und durch sie reproduziert. Je grundsätzlicher es der Differenz zwischen Glücksverlangen und Realisierungschancen an den Kragen gehen soll, desto schlimmer (inhumaner) sind die Folgen. Dafür stehen die Scheiterhaufen des Mittelalters und der frühen Neuzeit und natürlich (als Religionsersatz) der Nationalsozialismus und Kommunismus, die mit ihren Erlösungsversprechen und ihrer praktischen Einlösung (durch Rassenhygiene oder Klassenkampf) unendliches Leid mit Abermillionen Opfern hervorgebracht haben.⁸

Es bleibt also der Stachel irdischer Widrigkeiten in den Bemühungen religiöser Sinnbildung. Dafür mag der Terminus ›Immanenz‹ stehen. Ihm gegenüber ließen sich die religiösen Bemühungen, den Menschen von seinem irdischen Leiden zu erlösen, mit dem Begriff ›Transzendenz‹ charakterisieren. Schon diese Begrifflichkeit zeigt, dass und wie sie miteinander verbunden sind. Ihr jeweiliger Sinn ergibt sich nur dann, wenn sie je auf ihr Gegenteil bezogen werden. Ohne den je anderen (gegenteiligen) Begriff hätten beide Bezeichnungen keinen Sinn.

Diese semantische Dialektik hat einen klaren Bezug auf die Realität des menschlichen Lebens. Mit seiner kulturellen Orientierung strebt der Mensch stets über die vorgegebenen Bedingungen und Umstände seines Handelns und Leidens hinaus. Kultur zeichnet sich grundsätzlich durch einen Intentionalitätsüberschuss des menschlichen Bewusstseins über die realen Bedingungen und Umstände seines Lebens aus. In der Teleologie seiner Handlungsformen und Leidensbewältigung und deren normativen Elementen wird das ausgetragen. Zugleich bleibt dieser Überschuss gebunden an die Möglichkeiten der Weltveränderung in den jeweils vorgegebenen Handlungssituationen.

Kulturelle Sinnbildung ist also stets zwischen Immanenz und Transzendenz ausgespannt. Dieser Spannung verdankt sie ihre innere zeitliche Dynamik. Sie entfaltet sich im Verhältnis zueinander. Dort kann es in langfristiger Perspektive zu einer Verschiebung der Gewichte kommen. Das drückt die Säkularisierungsthese aus.⁹ Lange Zeit glaubte die westliche Intelligenzia, die Religion löse sich im Modernisierungsprozess allmählich auf und werde durch innerweltliche Deutungen und Normen ersetzt. So steht beispielsweise die Bewegung der Aufklärung dafür, Religion durch Moral zu ersetzen. Das hat sich in zweierlei Hinsicht als Irrtum erwiesen. Faktisch blieb die Religion eine kulturelle Orientierung, wenn auch (im Westen) für einen kleiner werdenden Bevölkerungsanteil. In der nichtwestlichen Welt dagegen hat sie (vor allem im Islam und im Hinduismus und im radikalen Protestantismus) an Stärke gewonnen. Aber auch auf intellektueller Ebene wurde ihr Anerkennung und Wirkung zuteil,[10] weil die säkularen Deutungsmuster längst nicht allen Sinnbedarf der Menschen abdecken.

Auch im Innenverhältnis der beiden Tendenzen gibt es eine Dynamik der Entfaltung ihrer Gegensätzlichkeit. Die monotheistischen Religionen haben zum Beispiel die Natur entzaubert und zum Bereich technischer Beherrschung gemacht, – ein Schub der Säkularisierung, der mit dem Wachsen von Naturwissenschaft und Technik auf die religiöse Weltdeutung zurückschlug und ihr ganze Kompetenzbereiche streitig machte. Umgekehrt hat die Ablösung ganzer Sinnbezirke, vor allem der Kunst, – von der modernen ›gott-fernen‹ (Max Weber) Wissenschaft ganz zu schweigen –, zur Entwicklung von Sinnbildungsstrategien geführt, deren Religionsnähe, wenn nicht deren religiöser Charakter kaum bestritten werden kann. Dazu sei ein Beispiel näher herangezogen: in der »Suche nach der verlorenen Zeit« beschreibt Marcel Proust eine Begebenheit, deren Ähnlichkeit mit einer Unio Mystica unübersehbar ist. Er tunkt einen Madeleine-Kuchen in eine Tasse Tee, und dabei erlebt er eine überwältigende Sinnerfahrung:

»In der Sekunde nun, als dieser mit dem Kuchengeschmack gemischte Schluck Tee meinen Gaumen berührte, zuckte ich zusammen und war wie gebannt durch etwas Ungewöhnliches, das sich in mir vollzog. Ein unerhörtes Glücksgefühl, das ganz für sich allein bestand und dessen Grund mir unbekannt blieb, hatte mich durchströmt. Mit einem Schlage waren mir die Wechselfälle des Lebens gleichgültig, seine Katastrophen zu harmlosen Mißgeschicken, seine Kürze zu einem bloßen Trug unsrer Sinne geworden; es vollzog sich damit in mir, was sonst die Liebe vermag, gleichzeitig aber fühlte ich mich von einer köstlichen Substanz erfüllt: oder diese Substanz war vielmehr nicht in mir, sondern ich war sie selbst. Ich hatte aufgehört, mich mittelmäßig, zufallsbedingt, sterblich zu fühlen. [...] Es ist ganz offenbar, daß die Wahrheit, die ich suche, nicht in ihm [dem Tee] ist, sondern in mir. [...] Ich setze die Tasse nieder und wende mich meinem Geiste zu. Er muß die Wahrheit finden. Doch wie? Eine schwere Ungewißheit tritt ein, so oft der Geist sich überfordert fühlt, wenn er, der Forscher, zugleich die dunkle Landschaft ist, in der er suchen soll und wo das ganze Gepäck, das er mitschleppt, keinen Wert für ihn hat. Suchen? Nicht nur das: Schaffen. Er steht vor einem Etwas, das noch nicht ist, und das doch nur er in seiner Wirklichkeit erfassen und dann in sein eigenes Licht rücken kann.«[11]

Sinn wird als glückhafte, zur Tat drängende, kognitiv ausgeprägte Substanz des menschlichen Geistes erfahren; als gegenwärtig sich erfüllender ist er zugleich auf Zukunft ausgerichtet, also durch eine innere Zeitlichkeit bestimmt.

Ähnliche Ausgriffe ins Numinose jenseits aller ästhetischen Repräsentation finden sich auch in anderen bedeutenden Kunstwerken der Moderne, bei Goethe,[12] Thomas Mann, Beckett, Kafka und Hofmannsthal[13] zum Beispiel. Hier löst sich der innerweltliche Sinn in einen immanenten Verweis auf Transzendenz auf. Die Kunst, die sich ihre Autonomie von der Religion erkämpfen musste, gibt der Religion mit ästhetischen Mitteln (Verweise über alle Sprache und Darstellung hinaus – »das Unbeschreibliche«[14]) ihre Sinnkompetenz zurück.

Es ist also nicht damit getan, die Gegensätzlichkeit von Immanenz und Transzendenz zu betonen und damit der Religion einen deutlich abgrenzbaren eigenen Sinnbezirk in der kulturellen Orientierung zuzuweisen. Vielmehr kommt es darauf an, ihr Widerspiel herauszuarbeiten, ihre wechselseitige Bedingtheit in ihrer Gegensätzlichkeit zu betonen. Ihr innerer Zusammenhang lässt sich begrifflich mit dem *Konzept des Transzendentalen* bezeichnen: Transzendental bedeutet, dass immanente Gegebenheiten von Mensch und Welt auf ihre Bedingung der Möglichkeit hin durchsichtig gemacht werden (können). Diese Durchsicht transzendiert ihre Immanenz. Damit wird die Transzendenz irdisch verankert und in ihrer Einseitigkeit erheblich eingeschränkt. Zugleich aber wird die Immanenz der menschlichen Lebenspraxis auf Aus- oder besser: Durchblicke über sich hinaus geöffnet. Und über das Transzendentale der Transzendenz wird diese als eigene Dimension der menschlichen Welt- und Selbstdeutung erschlossen und der Blick auf eigene und besondere Sinnressourcen geöffnet.[15]

# 4 GESCHICHTE

Das Wort ›Geschichte‹ hat einen Doppelsinn: Es meint das Geschehen der menschlichen Welt (res gestae) in der Vergangenheit. Bei Herodot, dem Beginn des westlich-europäischen Geschichtsschreibung, heißt es programmatisch: τα γενομενα εξ αντροπον (was unter *Menschen* einst geschehen).[1] In einem erweiterten Sinn kann ›Geschichte‹ auch jedes Geschehen in der Vergangenheit bezeichnen; so zum Beispiel in der Vorstellung einer Geschichte der Natur. Aber ursprünglich und nach wie vor dominant bedeutet ›Geschichte‹ menschliches Geschehen in der Vergangenheit.

Diese Ausrichtung auf wirkliches Geschehen schließt ein Denken und eine Weltdeutung aus dem Bereich der Geschichte aus, die sich auf nicht Geschehenes als besonders sinnträchtig beziehen. Ein Beispiel dafür ist die Geschichte vom jüdischen Exodus, vom Auszug der Kinder Israels aus Ägypten. Diese Geschehen ist konstitutiv für die jüdische religiöse Identität und darüber hinaus höchst bedeutsam für die Genealogie der Freiheit in der westlichen Kultur.[2] Nun lässt sich mit den Mitteln modernen historischen Denkens zeigen, dass sich diese Geschichte faktisch nicht so ereignet hat, wie sie in das jüdische und westliche kulturelle Gedächtnis eingegangen ist.[3] Sie hat sich also so, wie sie erzählt und tradiert wird – als ein Geschehen in der Vergangenheit –, gar nicht ereignet. Wie steht es dann nicht nur mit der Eigenart dieser Erinnerung, sondern mit ihrer Bedeutsamkeit für das Verständnis der menschlichen Welt?

Nicht-faktisches, aber sinnträchtiges Geschehen gehört nur insofern in den Bereich des historischen Denkens und seiner kulturellen Orientierungsfunktion, als es in der kulturellen Orientierung vergangener Lebensformen wirksam für Handeln und Leiden von Menschen war. Das gilt für viele ›heilige‹ Texte, wenn sie Geschichten erzählen, deren Geschehnisse sich nicht ereignet haben. Überträgt sich aber die Bedeutung dieser Texte für die damaligen Menschen durch historische Repräsentation ohne weiteres auf die Gegenwart? Ist es ohne Belang für die geschichtskulturelle Wirksamkeit des kollektiven Gedächtnisses, dass das in der Erinnerung Bewahrte gar nicht oder nicht so geschehen ist? Mit dem Aufkommen des genuin historischen Denkens wird diese andere – trans-faktische – Denkweise grundsätzlich infrage gestellt. Dass Mythen wirksam geblieben sind und immer noch ihre intellektuellen Protagonisten finden, ist eine Tatsache der kulturellen Orientierung. Stehen sie aber schiedlich-friedlich neben der Historiographie? Mehr noch: Gehen sie nicht immer wieder in das historische Denken selber ein, wenn es zum Beispiel legitimationsbedürftigen politischen Institutionen Ursprungsgeschichten liefert, die empirisch wenig oder gar nicht plausibel sind? Geschieht das, dann wird jedoch das Geschichtsdenken kritikbedürftig und -fähig. Trifft eine solche Kritik aber auch auf die Mythen zu, deren trans-faktischer Charakter zugestanden, deren Sinnhaftigkeit und Bedeutung aber nicht infrage gestellt werden?

Der kulturelle Rationalisierungsschub, den die Historiographie mit ihrer empirischen Ausrichtung auf wirkliches (und überprüfbares) Geschehen in der Vergangenheit bewirkt hat, lässt den Mythos nicht mehr einfach das sein, was er vorher war, sondern setzt ihn zumindest unter Begründungszwänge. Man kann dem mythisch präsentierten Geschehen noch Sinnhaftigkeit zusprechen, aber nicht mehr ohne besondere Legitimation seines Anspruchs auf Sinn. Damit aber öffnet sich der Mythos der historischen Kritik. Ob und wie er diese Kritik bestehen kann, hängt von den Wahrheitskriterien ab, denen er verpflichtet ist. Im Blick auf die historische Erkenntnis kann er zwei von deren Geltungsansprüchen nicht genügen: der empirischen und der theoretisch-explikativen Plausibilität. Die anderen Kriterien – normative Plausibilität und narrative Kohärenz – teilt er mit dem historischen Denken.[4] Das dürfte der Grund dafür sein, dass in den jüngeren metatheoretischen Reflexionen über Historiographie die Differenz zum Erzählen in der Kunst nicht mehr recht ausgemacht und der Erfahrungsbezug erstaunlich leicht übersehen werden kann.[5]

›Geschichte‹ bedeutet nicht nur Geschehen in der Vergangenheit, sondern immer auch – und untrennbar mit der ersten Bedeutung verbunden – die Kunde und Darstellung dieses Geschehens (historia rerum gestarum).

Vergangenes Geschehen wird erst dann als Geschichte angesehen, wenn es wirklich vergangen ist. D.h. es wird als zeitlich getrennt von der Gegenwart wahrgenommen. ›Getrennt‹ nicht im bloß chronologischen Sinn, sondern als ›anders‹ geworden. Man pflegt zu sagen, dass etwas dann Geschichte wird, wenn es für die Gegenwart ›tot‹ ist, also abgespalten, getrennt, verschieden.

Da ja alle Geschehnisse der Gegenwart als zeitspezifische Ereignisse grundsätzlich vergehen, wäre alles dieses Geschehen schon wegen seiner Vergänglichkeit tendenziell Geschichte. Das aber ist mit dem Begriff ›Geschichte‹ im ersten Wortsinne nicht gemeint. In der Tat meint es zeitliche Abständigkeit und Vergänglichkeit, aber stets mit einem eigentümlich gegenläufigen Gegenwartsbezug: abgeschieden von ihr und zugleich wichtig und bedeutungsvoll für sie. Es ist als Vergangenes noch gegenwärtig.

Was heißt das? Wenn es bloß abgestorben und tot wäre, und wenn es dabei bliebe, bekäme das vergangene Geschehen nicht die Qualität des Geschichtlichen. Es ist vielmehr in eine Zeitdimension eingegangen, die die merkwürdige Eigenschaft einer Vergangenheit hat, die sich als bedeutungsvoll auf Gegenwart bezieht oder als bedeutungsvoll auf die Gegenwart bezogen wird. Die pure Vergänglichkeit von etwas disponiert nicht dazu, dass es geschichtlich ist. Das Geschehen muss von Vergangenheit auf Gegenwart so bezogen sein, dass es dort noch etwas ausrichtet. Das kann in zweierlei Art geschehen: als Verlust oder als Gewinn. Das lässt sich am Tod von Menschen illustrieren, die mit lebenden Menschen verbunden waren. Sie können eine schmerzhafte Lücke hinterlassen oder eine Entlastung von einer beschwerlichen Beziehung. In beiderlei Hinsichten bleiben die Toten lebendig. Dieses ›Leben‹ unterscheidet sich natürlich fundamental von ihrer Lebendigkeit in den sozialen Beziehungen, in denen sie gelebt haben. Den Lebenden sind die Toten noch verbunden, aber ganz anders, als wenn sie noch lebendig wären.

Es gibt ein elementares geistig-seelisches (mentales) Vermögen in jedem Menschen, das diese Lebendigkeit des toten oder abgeschiedenen Gestrigen realisiert: die *Erinnerung*. Sie erstreckt sich nicht nur auf das, was bewusst erinnert wird, sondern auch auf eine starke unbewusste Dimension, in der Vergangenes mächtig auf gegenwärtiges Leben einwirkt. Das Vergangene kann sich in seiner geschichtlichen Qualität durch Erinnerung als lebendig in doppelter Weise zur Geltung bringen: Es kann sich von sich aus ein- und vordrängen, ohne, ja auch gegen den Willen der sich Erinnernden; oder es kann von ihnen bewusst und absichtsvoll aufgerufen und vergegenwärtigt werden.

Nun reicht diese Erinnerung nicht sehr weit zurück und deckt mitnichten den gegenständlichen Bereich des Geschichtlichen ab. Da alle menschlichen Subjekte ihre mentalen Formen des Umgangs mit Welt und Selbst in intergenerationeller Verkettung ausbilden und leben, geht in ihre Erinnerung indirekt über die Kette der Generationen auch die Erinnerung ihrer Vorfahren ein. Aber auch diese Erweiterung des Erinnerten deckt die zeitliche Erstreckung und inhaltliche Füllung des Geschichtlichen nicht ab. Viele geschichtliche Geschehnisse betreffen Voraussetzungen, Bedingungen und Umstände vergangenen menschlichen Lebens, die den Betroffenen gar nicht bewusst waren und auch von ihnen nicht erinnert wurden (wenn man den Bereich des Unbewussten einmal außer Betracht lässt). Insofern reicht das Medium der Erinnerung nicht aus, um das in den Blick zu nehmen, was mit ›Geschichte‹ bezeichnet wird. Auch außerhalb (und ›unterhalb‹) der Lebendigkeit des Vergangenen in der Gegenwart kann Vergangenes in der Gegenwart als ›geschichtlich‹ wahrgenommen und vergegenwärtigt werden. Geschichte meint also in seiner gegenständlichen Bestimmtheit den Bereich vergangenen Geschehens, das für die Gegenwart bedeutungsvoll ist oder werden kann.

Mit dieser Qualifikation kommt die zweite Bedeutung von ›Geschichte‹ in den Blick: die Kunde oder Darstellung vom Geschehen der Vergangenheit, die ›*historia rerum gestarum*‹. ›Historia‹ meint eine explizit auf Vergangenheit bezogene Darstellung, also zumeist Historiographie. Aber ›dargestellt‹ im Sinne von ›gegenwärtig gemacht‹ erscheint die Vergangenheit in ganz unterschiedlichen Formen. Nur wenn man deren Vielfalt im Auge behält, wird deutlich, wie sehr gegenwärtiges menschliches Leben durchzogen ist von vergegenwärtigter Vergangenheit.

Geschichte ist also eine Synthese von vergangenem Geschehen und der Kunde von ihm. Es gibt aber auch vergegenwärtigtes Geschehen, das diese Synthese sprengt: ein als wirklich geschehen angenommenes Ereignis, das im kollektiven Gedächtnis eine wichtige Rolle spielt, hat gar nicht stattgefunden, sondern wird imaginiert,[6] spielt also in der Geschichtskultur eine *mythische* Rolle. Mythen repräsentieren keine Geschichte. Wie oben dargelegt gehört zu einer klaren Bestimmung des historischen Denkens und seiner Bezugsgröße, Geschichte und Mythos streng zu unterscheiden. Diese Unterscheidung ist nicht zuletzt historisch bedeutsam, da sie die in *historischer* Perspektive Ursprünge der Historiographie als kulturelles Geschehen, als Evolutionsschub der kulturellen Orientierung in den Blick bringt. Aber auch *systematisch* müssen sie klar unterschieden werden: Geschichte und Mythos haben zwar Wesentliches gemeinsam: ihre narrative Struktur und die ihr geschuldete spezifische Sinnhaftigkeit und ihr Bezug auf ein Geschehen, das in einer anderen Zeitdimension als derjenigen der jeweiligen Gegenwart erfolgt ist. Ihr Unterschied liegt aber in der Art dieses Bezuges: Geschichte bezieht sich auf ein Geschehen, das sich empirisch (chronologisch) in der Vergangenheit aufweisen lässt, sich also durch so genannte Faktizität auszeichnet. Demgegenüber beziehen sich Mythen auf ein Geschehen, das diese empirische Faktizität nicht aufweist, wohl aber eine wirksame Rolle in der zeitlichen Orientierung der menschlichen Lebenspraxis spielt oder spielen kann. Man kann ein solches Geschehen nicht ›historisch‹ oder ›geschichtlich‹ nennen, obwohl es im kulturellen Gedächtnis höchst bedeutungsvoll ist oder sein kann. Die Zeit, in der sich mythisches Geschehen ereignet (hat), ist eine ganz andere als die chronologisch fixierte historische. Die jeweiligen narrativen Sinngebilde teilen die Grundfunktion des Geschichtsbewusstseins, aus Naturzeit humane Zeit zu machen.[7] Und beide bilden Sinn durch Erzählen. Aber diese humanisierte Zeit und ihr Sinn gehören in unterschiedliche Dimensionen der kulturellen Orientierung.

Geschichte ist also real gewesene vergegenwärtigte Vergangenheit. Solche Vergegenwärtigung tritt in höchst verschiedenen Formen auf. Ich zähle in willkürlicher Reihenfolge und ohne Anspruch auf Vollständigkeit solche Gegenwärtigkeit der Vergangenheit auf. Zunächst kann man von der eigenen Person ausgehen und persönliche Erinnerungen erwähnen. Im engeren Familien- und Bekanntenkreis kommen regelmäßig Bezüge auf Vergangenes vor; dafür dürften Fotografien in Fotoalben und Diasammlungen und natürlich in digitalen Medien typisch sein. Beim Betrachten von Familienfotos machen Kinder erste Erfahrungen vom Doppelcharakter der Geschichte als Vergangenheit im Unterschied von der Gegenwart und des Bezuges dieser Vergangenheit auf die Gegenwart. Für die personale Entwicklung von Geschichtsbewusstsein dürfte diese Erfahrung – zusammen mit gesprächsweisen Bezügen auf Früheres – geradezu eine Schlüsselfunktion bekommen.[8] Natürlich gibt es vergleichbare personell wichtige Bezüge auf die Vergangenheit auch in allen anderen sozialen Bereichen, zum Beispiel in Vereinen. Der Fußballklub VFL Bochum zum Beispiel gibt in seinem Emblem das Gründungsjahr 1848 an.

Verweise auf Alter spielen immer dann eine Rolle, wenn die Bedeutung, das Ansehen oder die Qualität von etwas hervorgehoben wird. Geschäfte werben mit älteren Gründungsdaten, in Firmenjubiläen wird Alter mit Solidität und Zukunftsgewissheit assoziiert. Gebrauchsgegenstände gewinnen die Aura und den Wert des ›Antiken‹, wenn sie alt und oft unbrauchbar ge-

worden sind. Der Alltag ist also durchzogen, geradezu angefüllt mit Geschichte. Straßennamen und die Namen von U-Bahn-Stationen halten oder machen eine Vergangenheit gegenwärtig, die die Passanten und Passagiere als für sie selbst als wichtig ansehen (sollen). So lässt sich beispielsweise das U-Bahn-Netz von Paris wie eine Geschichte von Frankreich lesen. Auch Jubiläen und Feiertage können ausdrücklich solche Vergegenwärtigung inszenieren. Fast jeder Staat hat seinen nationalen Feiertag.

In Deutschland wird die Qualifikation eines solchen Datums mit nationaler Bedeutung besonders deutlich. Zwar galt für den Tag, an dem die Mauer fiel (9. November 1989), der Satz »Wir Deutschen sind jetzt das glücklichste Volk auf der Welt«, wie es damals der Berliner Bürgermeister auf der Kundgebung am 10. November 1989 vor dem Rathaus Schöneberg am Tag nach dem Fall der Berliner Mauer formulierte. Aber der 9. November ist ein Tag, an dem in anderen Zeiten Unglück geschah, wie die Reichspogromnacht der Nationalsozialisten 1938, der Marsch der Nationalsozialisten zur Feldherrnhalle in München 1923, die Erschießung Robert Blums 1849 in Wien. Freilich geschah an einem 9. November auch die erinnerungswürdige Ausrufung der Weimarer Republik und anderes für die deutsche Geschichte Bemerkenswertes. Der Tag hatte also etwas höchst Ambivalentes an sich, und deshalb wurde der viel weniger bedeutsame 3. Oktober mit den Beschlüssen der ostdeutschen Landtage, der Bundesrepublik Deutschland beizutreten, als Feiertag der Deutschen Einheit gewählt. Im Bewusstsein der deutschen Bevölkerung spielt dieses Datum keine besondere Rolle. Die Franzosen feiern demgegenüber den Sturm auf die Bastille am 14. Juli 1789 mit Straßenfesten, so wie der 4th of July als Feiertag in der amerikanischen Kultur fest verankert ist. –

Wohin man auch blickt: die Vergangenheit ist als solche da, jedoch nicht immer explizit ›historisch‹ erkennbar wie zum Beispiel in alten Häusern, deren Fassaden erheblich von späteren Wohnhäusern abweichen. Explizit historisch sind demgegenüber Denkmäler, Straßenzüge mit Verweisen auf bedeutungsvolle Vergangenheit, Vereinsfahnen mit Gründungsdaten usw. Besonders aufschluss-

Your photo Anno 1900, ready in 5 min.
(Photo J. Rüsen)

reich ist die Einholung der Vergangenheit in die Gegenwart, wenn sich einzelne Personen oder ganze Gruppen in die Vergangenheit versetzen, zum Beispiel durch entsprechende Kleidung oder signifikante Accessoire. So gibt es zum Beispiel in Salzburg ein Fotogeschäft, in dem man sich in der Kleidung vergangener Jahrhunderte ablichten lassen kann.

Weitere Beispiele: Bei den Karl-May Festspielen in Elspe kann man sich auf gleiche Weise in die Zeit des Wilden Westens versetzen (durch Kleidungsstücke und Accessoires) und photographiert in seinem Alltag weiterleben lassen. In China gibt es Ähnliches: Die Besucher können sich auf Kaiserthronen mit Insignien höchster Macht fotografieren lassen. Sie historisieren sich selbst – ein deutliches Indiz dafür, dass diese Vergegenwärtigung der Vergangenheit (natürlich immer einer bestimmten: bedeutungsvollen, angesehenen, geschätzten) für das Selbstverhältnis von Individuen und Gruppen wichtig ist (oder werden kann).

Geht man den Phänomenbestand gegenwärtiger Vergangenheit im Alltag durch, kann man sich eine Reihe denken, die nach dem Gesichtspunkt ›wachsender Historisierung‹ geordnet werden könnte. Damit ist gemeint, dass es unterschiedliche Betonungen und Gewichtungen der Vergangenheit gibt. Sie kann sich zu einem eigenen Bereich verselbstständigen und wird damit explizit zur Geschichte. Dafür stehen Denkmäler, historische Literatur und Filme, historische Publikumszeitschriften, Sendungen im Fernsehen, die historischen Themen gewidmet sind, historische Museen, Gedenkstätten, festliche Veranstaltungen, die an Geschehnisse der Vergangenheit erinnern, und Gedenktage. Solche Manifestationen verselbstständigter Vergangenheit lassen sich mit dem Begriff ›Geschichtskultur‹ zusammenfassend bezeichnen. Geschichtskultur ist die Manifestation eines Rückbezuges auf diejenige Vergangenheit, die als bedeutungsvoll für die Gegenwart angesehen (oder auch: gemacht) wird.

Der Geschichtskultur als sozialem Phänomen entspricht auf Seiten der angesprochenen und involvierten Subjekte deren *Geschichtsbewusstsein*. Geschichtsbewusstsein ist Inbegriff der mentalen Vorgänge, in denen Vergangenheit vergegenwärtigt wird, um Gegenwart zu verstehen und Zukunft zu erwarten.[9]

Im Blickwinkel zunehmender Historisierung der Vergangenheit werden besondere mentale Aktivitäten deutlich, durch die diese historische Bedeutung der Vergangenheit (genauer: vergangener Geschehnisse) seitens der Menschen realisiert wird, für die diese Bedeutung gilt oder gelten soll. Eine besondere Rolle spielen dabei die kognitiven Elemente, Prinzipien und Dimensionen des menschlichen Bewusstseins. Die Historisierung der Vergangenheit ist untrennbar mit Wissen und Erkenntnis verbunden. Dafür steht paradigmatisch die *Geschichtsschreibung*. Sie ist natürlich nicht die einzige Art, kognitiv die Vergangenheit zu vergegenwärtigen; aber sie zeichnet sich gegenüber allen anderen Arten der Historisierung der Vergangenheit dadurch aus, dass sie sich auf reales faktisches Geschehen, auf Tatsachen empirischer Gegebenheit bezieht. Dabei klammert sie weitgehend diejenige Bedeutungsverleihung aus, die auf fiktionalen Gesichtspunkten beruht, also Zuschreibungen vornimmt, die den Bereich der Erfahrung hinter sich lassen.

Geschichtsschreibung ist ein spezifischer Modus der Historisierung, aber keinesfalls anthropologisch universell. Aber sie hat sich langfristig in (fast) allen Kulturen als Paradigma der Historisierung durchgesetzt, zumindest in all denjenigen Kulturen, die die Evolution zu modernen Lebensformen mit vollzogen haben. Im Zuge dieser Entwicklung hat sich die kognitive Seite der Historisierung zu besonderen Operationen des Verstandes entwickelt. Gemeint sind der Wissensgewinn und die Erkenntnissicherung durch Forschung. Dafür steht die Institution der *Geschichtswissenschaft*.

›Wissenschaft‹ ist als Bezeichnung institutionalisierter Forschung und forschungsbezogener Historiographie ein umstrittener Begriff. Im angelsächsischen Sprachbereich (›science‹) wird er kaum gebraucht, in anderen Sprachen, zum Beispiel im Deutschen, Französischen, Portugiesischen aber sehr wohl. Allemal aber geht es um die gleiche Sache: eine Fachdisziplin der organisierten Forschung und professionalisierenden Lehre als Grundlage sachgerechter Historiographie.

Man kann der Geschichtskultur moderner Gesellschaften nicht gerecht werden, wenn man den schulischen *Geschichtsunterricht* und die auf historisches Lernen bezogenen kognitiven Diskurse ignoriert. Lernen ist eine anthropologisch fundamentale und universelle Tatsache (die sich übrigens auch auf nicht-menschliche Gattungen erstreckt). In jeder Kultur müssen die maßgebenden Orientierungen, in denen die andere Zeit der Vergangenheit eine bedeutende Rolle spielt, von einer Generation an die nächste weitergegeben, also intergenerationell auf gestellt werden.[10] Analog zur Geschichtswissenschaft haben sich auch Geschichtsunterricht und Geschichtsdidaktik zu eigenen (genauer: ›eigen-sinnigen‹) Institutionen entwickelt. Sie gehören integral zur Geschichtskultur ihrer Gesellschaft und wirken auf ihre besondere Weise an der Historisierung der Vergangenheit mit. Die Geschichtsdidaktik ist als Wissenschaft vom historischen Lernen inzwischen zu einer eigenständigen akademischen Disziplin geworden.

In all diesen Erscheinungsformen hat die zur Geschichte abständig gewordene und vergegenwärtigte Vergangenheit ›Sinn‹. Sie ist ein integraler

Teil der sinnhaften Kultur, in und mit der die Menschen ihre Welt und sich selbst verstehen. Dieser Sinn fällt natürlich ganz unterschiedlich aus, je nachdem, welche Orientierungsfunktion erfüllt wird: Unterhaltung, Vergnügen, Versagenskompensation, Identitätsvergewisserung, Legitimation oder Kritik von Lebensverhältnissen, Sehnsucht, Erfüllung, Belehrung, Ermahnung, Pluralisierung, Abgrenzung von anderen, Vergewisserung von Zugehörigkeit und Stolz auf sie, ästhetische Erfahrung, religiöse Erbauung, Entlastung von Erfahrungsdruck, Kompensation von Versagungen und Versehrungen etc. Sinn kann auch dann manifest werden, wenn historische Ereignisse für spätere Zeiten zu einer Belastung, ja Verstörung werden. Im schlimmsten Fall können diese einen traumatischen Charakter annehmen, der Sinn zerstört und damit eine ganz besondere Anstrengung geistiger Bewältigung erfordert.

# 5 DIMENSIONEN DES HISTORISCHEN

Wenn man die jeweiligen Sinndimensionen, in denen Geschichte als Sinnträger wirksam ist, auflistet und ordnet, lassen sich maßgebende Sinnkriterien identifizieren und ihr Verhältnis zueinander analysieren.

Um die jeweils wirksamen Sinnkriterien unterscheidbar in den Blick zu nehmen, empfiehlt es sich, allgemein etablierte Dimensionen der kulturellen Orientierung zu unterscheiden. Dabei gehe ich von Gegenwartsphänomenen aus, versuche aber, in ihnen allgemeine und grundsätzliche Gesichtspunkte auszumachen, möglichst mit anthropologisch universeller Ausrichtung.

Folgende Unterscheidungen folgen der Ausstattung der menschlichen Mentalität mit maßgebenden Operationen der Sinnbildung wie Denken, Fühlen, Wollen, Werten, Gauben. Sie alle sind auf je spezifische Weise auf die Erfahrung von historisierter Vergangenheit bezogen. Erfahrungsfreie historische Sinnbildung gibt es nicht. Fällt die Ausrichtung auf die Erfahrung des Widerspiels zwischen Vergehen in die Vergangenheit und Einholung des Vergangenen in den Horizont der Gegenwart weg, dann kann sich durchaus Sinn in Bezug auf Zeit (Vergänglichkeit, Wiederkehr, Zukunftsentwurf etc.) bilden: Beispielhaft sind Formen von Ewigkeitsvorstellungen, von Apokalypse, gesteigerter Augenblicksdeutung, Zeitverlust, Zeitenthobenheit, einer keinem Wandel unterworfenen Weltordnung etc. Aber Geschichte ist das nicht.

## a) ANSPRÜCHE AUF WAHRHEIT: DIE KOGNITIVE DIMENSION

Die *kognitive Dimension* beruht auf dem mentalen Prozess des Denkens mit der Ausrichtung auf Wissen und Erkenntnis. Sie ist durch Erfahrungsbezug und Plausibilitätsansprüche geprägt, die in gesteigerter Form als Wahrheitskriterien auftreten.

Was aber ist historische Wahrheit? Auf diese einfache Frage gibt es keine einfache Antwort. Eher das Gegenteil: Die jüngere geschichtstheoretische Diskussion neigt dazu, diese Frage abzuweisen und in die Linguistik des Erzählens als poetische Operation zu verweisen.

Die Wahrheitsfrage lässt sich aber nicht so ohne weiteres abschieben. Sie hat die Entwicklung der Geschichtsschreibung (nicht nur im Westen) von Anfang an begleitet. Es gibt kaum eine historiographische Tradition, in der die Wahrheitsfrage nicht ausdrücklich angesprochen wird. So steht am Beginn der westlichen Historiographie bei Herodot gleich am Anfang eine Überlegung zur Vertrauenswürdigkeit der für sein Werk wichtigen Überlieferung. Es geht ihm um das Thema des persisch-griechischen Konflikts. Er referiert die Meinung der Perser über den Ursprung des Konflikts und stellt deren Vertrauenswürdigkeit dahin. Sich selbst bringt er dann als jemanden ins Spiel, der »sicher weiß«, wer »mit den Feindseligkeiten gegen die Hellenen den Anfang gemacht hat«.[1]

Thukydides knüpft an solche Versicherungen an und steigert sie zu grundsätzlichen und kritischen Überlegungen über die Glaubwürdigkeit mythischer Überlieferungen.[2] Dabei setzt er sich ausdrücklich von Herodot ab, der nur nach seinem »Dafürhalten« über die Sachhaltigkeit seiner Historien geurteilt habe.[3] Tacitus bekennt sich »zu dem Grundsatz unbestechlicher Wahrhaftigkeit«.[4] Ranke schließlich – um eine jüngeres Beispiel zu nennen – betont gegen die rhetorische Tradition historischer Darstellung: »Nackte Wahrheit ohne allen Schmuck; gründliche Erforschung des Einzelnen; das Übrige Gott befohlen; nur kein Erdichten, auch nicht im Kleinsten, nur kein Hirngespinst.«[5] Die Reihe von Zeugnissen lässt sich fast beliebig fortsetzen.

Die Geschichtsschreibung wurde also zumeist der Regel unterworfen, verlässliches Wissen zu präsentieren. Überdies galt weltweit die Regel, der Geschichtsschreiber solle bei der Darstellung von Konflikten keine Partei ergreifen, also nicht einseitig berichten. Dass die Geschichtsschreibung in ihrer hochkulturell entwickelten Form der exemplarischen Sinnbildung aus den Ereignissen der Vergangenheit, die ja durch menschliches Handeln zustande kamen, normative Schlussfolgerungen für menschliches

Handeln folgern konnte und sollte, kann als interkulturelles Allgemeingut dieser Geschichtsschreibung gelten. Schon in einem frühen Text chinesischer Reflexion über Geschichtsschreibung, im Shi Tong von Liu Zhiji (661–721), einem der »größten Historiker, die das vormoderne China hervorgebracht hat«,[6] heißt es: »Geschichtswerke werden in erster Linie wegen ihrer historischen Darstellung gelobt.« Für diese Darstellung sind folgende Gesichtspunkte maßgebend: »Verdienste und Verfehlungen aufzeichnen, Gutes und Schlechtes festhalten, im Stil gediegen, aber nicht überladen, einfach, aber nicht glatt sein, so dass die Menschen nicht nur die Essenz der Ausführungen auskosten und die Klänge der Tugend sich zu Herzen nehmen können, sondern auch bei häufigem Lesen der Mühe vergessen und keinen Überdruss empfinden«.[7] Für Ibn Khaldun (1332–1406), dem bedeutendsten arabischen Geschichtsschreiber, »besteht die Geschichte aus philosophischen Einsichten kritischer Prüfung, aus genauer Begründung aller Dinge und ihrer Grundlagen sowie tiefem Wissen um das Wie und Warum der Geschehnisse.«[8] Selbstbewusst verkündet er: »Wir verfügen über eine Grundregel, mit der wir Wahres von Falschem in den überlieferten Nachrichten sowie Richtigkeit von Unwahrheit durch logischen Beweis, der keinerlei Zweifel zulässt, zu trennen vermögen. [...] Wir verfügen über ein rechtes Maß, mit dem die Historiker den Pfad der Richtigkeit und Wahrhaftigkeit beschreiten können.«[9]

Lucian, der sich im zweiten Jahrhundert nach der Zeitenwende Gedanken darüber gemacht hat, »wie man Geschichte schreiben soll«, fasst die beiden maßgebenden Gesichtspunkte, den empirischen und dem moralisch-normativen, zusammen: »Die Geschichte hat nämlich nur eine einzige Aufgabe und ein Ziel, nämlich zu nützen, und das erreicht sie nur mithilfe der Wahrheit.«[10] Es gibt also neben der empirischen Triftigkeit auch eine normative. Machiavelli zum Beispiel hat in den Discorsi (1513–1537) seine Einsicht in die Regeln und Normen politischen Handelns dargelegt, indem er die Geschichtsschreibung von Livius kommentiert.[11]

Schließlich zieht sich durch die lange Geschichte der Geschichtsschreibung als Leitmotiv das Triftigkeits-Kriterium der narrativen Kohärenz. Der indische Geschichtsschreiber des 12. Jahrhunderts, Kalhana, hat dieses Kriterium so formuliert: »... to give a connected account where the narrative of past events has become fragmentary in many respects«.[12]

Die kognitive Dimension ist universalgeschichtlich durch einen *Prozess der Rationalisierung* geprägt, der zur modernen Form einer professionalisierten akademischen Disziplin (zumeist ›Geschichtswissenschaft‹ genannt) geführt hat. Zuerst in Europa ausgeprägt, hat sich diese kognitive Institution universalisiert. Auch die Kritik am westlichen Ursprung als

Legitimation westlicher Herrschaftsansprüche bedient sich der etablierten disziplinären Form der Argumentation. Es ist bemerkenswert, dass einer der schärfsten und erfolgreichsten Kritiker westlicher Dominanz in den Kulturwissenschaften, Edward Said, die akademische Institution als Ort freien Denkens feiert (ohne diese Institution hätte er vermutlich auch seine Kritik an verborgenen Herrschaftsansprüchen der westlichen akademischen Kultur gar nicht ausarbeiten können).[13]

Die kognitiven Ansprüche, die diese Dimension der Geschichtskultur definieren, treten in unterschiedlicher Form auf. Im Westen haben sie eine lange Vorgeschichte. Zwar wurde im griechischen Ursprung der Idee einer Erkenntnis durch menschliche Vernunft dem historischen Denken die Wissenschaftlichkeit abgesprochen, weil ihm wesentliche Faktoren dieser einen Erkenntnis fehlten.[14] Der Grund dafür war das Fehlen des Ideals dieser Erkenntnis, ihre ›Reinheit‹. Sie bestand darin, dass sie – wie die Metaphysik bei Aristoteles – um ihrer selbst willen, jenseits allen Gebrauchs zu praktischen und technischen Zwecken erfolgt[15] und als höchste erstrebenswerte Lebensform des Menschen (bios theoretikos βιοσ θεορετξικοσ) angesehen wurde.[16]

Diese Selbstzweckhaftigkeit ist in das Selbstverständnis der Geschichtswissenschaft als akademische Disziplin eingegangen. Sie sträubt sich grundsätzlich dagegen, mit ihren Erkenntnisleistungen von übergeordneten Zweckbestimmungen (etwa politisch-legitimatorischen oder auch moralischen) abhängig gemacht zu werden. Selbst eine Einsicht in die Kontextabhängigkeit historischer Perspektiven gilt nicht als Einschränkung, sondern eher als Ermöglichung von Erkenntnis.[17] Dass historisches Wissen eine notwendige Bedingung für die Orientierung der menschlichen Lebenspraxis im Zeitstrom ständiger Veränderungen von Lebensumständen darstellt, dass historische Erkenntnis (nach Prinzipien geordnetes Wissen) also eine praktische Funktion hat, lässt sich nicht bestreiten. Die Frage ist aber, in welcher Form Wissen und Erkenntnis ihre Orientierungsfunktion so wahrnehmen können, dass sie im Meinungsstreit und Machtkampf in ihrem sozialen und politischen Kontext parteiübergreifend Gehör finden. Dies ist dann der Fall, wenn eben diejenige Selbstzweckhaftigkeit der Erkenntnis ins Spiel gebracht wird, die ihre kognitive Würde, ihre Wahrheitsansprüche, ausmacht.

Beides: kognitiver Selbstzweck und kognitiv formierter Orientierungszweck müssen sich nicht notwendig widersprechen. Bei beiden kann ihre kognitive Auflading mit dem Vernunftbegriff bezeichnet und charakterisiert werden. Vernunft kann (nach Kant) theoretisch oder praktisch ausgerichtet werden. In beiden Fällen geht es um eine prinzipiengeleitete, erfahrungsbezogene und begrifflich verfasste Argumentation, die grundsätzlich von jeder diskursfähigen Person nachvollzogen werden kann, also universalistisch (man kann auch sagen: menschheitlich) ausgerichtet ist. Zum Nachvollzug gehören Zustimmungs- und Kritikfähigkeit und vor allen Dingen auch eine Applikationsfähigkeit in Hinsicht auf die zeitliche Orientierung der sich am Diskurs Beteiligenden. Der (kantische) Primat der praktischen Vernunft bedeutet keine Einschränkung oder Gängelung der theoretischen, sondern ihre Ermöglichung, ihre Herausforderung durch den Sinnbedarf ihrer Urheber und Adressaten.

## b) GLANZ DES NARRATIVEN: DIE ÄSTHETISCHE DIMENSION

Die *ästhetische Dimension* bezieht sich auf die sinnliche Erfahrung von Relikten der Vergangenheit (z. B. alter Gebäude) und von Gestaltungen der historischen Repräsentation (wie etwa Denkmäler). Es handelt sich allerdings um eine Erfahrung besonderer Art: Die historische Vergangenheit kann als reizvoll, als sinnlich attraktiv, landläufig als ›schön‹ erfahren werden und geht mit dieser Qualität in die Weltdeutung durch sinnliche, empfindungsmäßige Ordnung ein. Ihr spezifisch historischer Charakter beruht darauf, dass die landläufig mit ästhetischer Qualität von Phänomenen verbundene Vorstellung vom ›schönen Schein‹ zum schönen ›Vorschein‹ wirklicher Vergangenheit geworden ist. Maßgebend ist hier das Sinnkriterium formaler Kohärenz (landläufig ›Schönheit‹ genannt) in der sinnlichen Wahrnehmung historisierter Vergangenheit.

Jedes historische Denken hat eine ästhetische Seite, insofern es immer in Darstellung mündet. Nun ist nicht jede Darstellung ästhetisch mit einer entsprechenden – spezifischen – Sinnhaftigkeit verbunden. Max Imdahl hat diese Sinnhaftigkeit »ikonische Sinndichte« genannt.[18] Sie bringt das zum Ausdruck, was Kunstwerke – jenseits ihrer Zeitgemäßheit, ihrer Anzeige eines Ortes im geschichtlichen Zeitverlauf – auszeichnet: ihre Bedeutung für spätere Zeiten, für die differente Gegenwart. Man hat sich angewöhnt, diese ästhetische Qualität ›überzeitlich‹ zu nennen und sie damit aus dem Zeitrahmen des historischen Denkens herausgenommen. Damit aber wird die besondere Qualität des Kunstwerks als Sinngebilde für eine Zeit, die eine andere Zeit als diejenige ihrer Entstehung ist, verfehlt. Ästhetischer Sinn bleibt in der Zeit, aber eben nicht gebunden an den Kontext seiner Entstehung. Dieses »für eine andere Zeit« bezeichnet die Bedeutung des Ästhetischen im historischen Denken.

Wie gesagt, als dargestellte hat die historisch vergegenwärtigte Vergangenheit stets eine ästhetische Seite. Akademische Texte verraten zumeist davon wenig, aber Historiographie als Text einer Erzählung kann und muss auch als ästhetisches, genauer: als poetisches Artefakt verstanden werden. Darauf hat Hayden White unmissverständlich und höchst wirkungsvoll hingewiesen.[19] Seine Poetisierung des historischen Denkens blendet allerdings dessen spezifisch kognitiven Gehalt aus. Aber zum Verständnis dessen, was dargestellte Geschichte ist, kann auf eine Analyse ihrer ästhetischen Qualitäten nicht verzichtet werden. Belehrt durch die Besonderheit ästhetischer ›Sinndichte‹ der Kunst, richtet sich der Blick auf den Erzählprozess der historischen Darstellung.

Wo liegen die Wurzeln seiner ästhetischen Qualität? Sie können nur in einem meta- oder prä-kognitiven Bereich des Erzählens aufgewiesen werden, und der lässt sich auch ausmachen. Es gibt nämlich beim historischen Erzählen neben dem Autor – oder in ihm – einen impliziten Erzähler, der sich in einer eigenen Sinnbildung zur Geltung bringt.[20] Dieser anonyme und nicht selten eigenwillige Erzähler trägt wesentlich zur ästhetischen Qualität der historischen Erzählung bei.

Dieser Beitrag, der bisher kaum ausführlich untersucht worden ist, lässt sich am ehesten an dem Problem illustrieren, wie das historische Denken mit den Erfahrungen traumatischer Sinnlosigkeit umgeht. Eine übliche historiographische Darstellung ist als solche, aus der Logik des Erzählens selber heraus, sinnvoll. Dieser Sinn widerspricht der darzustellenden Sinnlosigkeit (wenn z. B. dem Holocaust nicht ein – wie ich meine: illegitimer – Sinn zugeschoben wird).[21]

Kann man denn Sinnlosigkeit sinnvoll darstellen? Die Tradition der Historiographie, die sich durch eine bislang wenig thematisierte Leidensverdrängung auszeichnet,[22] hat darauf keine überzeugende Antwort. Wohl aber die Kunst. Sie ist in der Lage, Sinnlosigkeit überzeugungsstark darzustellen, so schon beispielsweise bei Euripides in der Antike, in der Malerei bei Goya und Anselm Kiefer und in der jüngeren Literatur bei Beckett und Kafka. Die Geschichtsschreibung kann sich von diesen Beispielen inspirieren lassen. Sie kann sich der fundamentalen Erfahrung des menschlichen Leidens öffnen und Darstellungsformen entwickeln, die die Sinnlosigkeit nicht verschleiern, sondern als herausfordernden Teil der menschlichen Kultur sinnvoll eingängig präsentieren.

## c) BEGRÜNDUNG DER MACHT: DIE POLITISCHE DIMENSION

In der *politischen Dimension* verhandelt die Geschichtskultur die Machtkämpfe ihrer Gegenwart. Im Anschluss an Max Weber definiere ich Macht als Chance, auf einen gegebenen Befehl Gehorsam zu finden.[23] Macht oder auch ihre Realisation als Herrschaft bedarf stets der Bereitschaft der ihr Unterliegenden, sich beherrschen zu lassen. Die Machthaber sind daher brennend daran interessiert, gute Gründe für ihre Herrschaft geltend machen zu können. Historische Argumente gehören zu solchen guten Gründen. Max Weber hat diese politische Orientierungsfunktion des historischen Denkens in seiner bekannten Typologie der Legitimität von Herrschaft klar zum Ausdruck gebracht.[24] Als legitim können Macht- und Herrschaftsverhältnisse aus drei verschiedenen Gründen angesehen werden: einmal wegen des Charisma des oder der Machthaber, dann wegen der Legalität von Macht- und Herrschaftsverhältnissen, also wegen ihrer rechtlichen Form, oder aber schließlich auch wegen ihrer traditionellen Verankerung in der Geschichtskultur der Beherrschten. Alle drei Legitimitätsformen sind universell, sie kommen also überall vor, wo Menschen über Menschen herrschen. Sie können logisch (typologisch) klar unterschieden werden, treten aber empirisch durchaus in Mischungsverhältnissen auf. So ist zum Beispiel die Herrschaftsform der Bundesrepublik verfassungsrechtlich in den Menschen- und Bürgerrechten verankert, erfreut sich aber zugleich einer hohen historischen Wertung als freiheitlichste Grundordnung deutscher Staatlichkeit.

Legalität braucht stets eine historische Absicherung. Die abstrakte rechtliche Geltung muss eine feste Stelle in der historischen Einordnung des Rechts gefunden haben, sonst kann sie leicht zum Spielball kurzfristiger Rechtssetzungen werden. Sie ist zwar auf Macht gestützt – in ihr schlummert das Gewaltmonopol des modernen Staates –, aber Macht ist fluide und hängt von wechselnden Interessenlagen der Machthaber und deren politischer Durchsetzungsfähigkeit ab.

Machtkämpfe sind immer auch Kämpfe um Legitimität. Soziale Verschiebungen (durch Veränderung der ökonomischen Lebensbedingungen oder etwa durch massenhafte Einwanderung) werfen stets die Frage auf, ob und wie die Betroffenen kulturell auf die mit diesen Verschiebungen verbundenen Herausforderungen an das politische Gemeinwesen reagieren. Jedes Gemeinwesen lebt vom Gemeinsinn seiner Bürgerinnen und Bürger. Und zu diesem Gemeinsinn gehört die Legitimität der etablierten Herrschaftsverhältnisse. Tiefgreifende soziale Veränderungen müssen durch Gemeinsinn aufgefangen und in veränderte Legitimitätskonzeptionen umgesetzt werden, wenn sich der Wille zur Macht, der in jedem Menschen schlummert, nicht gegen die vorgegebenen politischen Strukturen der Gesellschaft wenden und destruktive Folgen zeitigen soll.

Wenn es zum Beispiel um die Integration größerer Mengen von Flüchtlingen und Einwanderern geht, die ihre eigenen Geschichtskulturen und damit verbundenen Legitimitätsvorstellungen (etwa hinsichtlich des Geschlechterverhältnisses) mitbringen, dann stellt sich unvermeidlich die politisch brisante Frage, ob und wie der neue Pluralismus kultureller Orientierungen in einen übergeordneten Rahmen gemeinsamer Verpflichtung auf legitime Herrschaftsformen eingespannt werden kann. Für diesen Rahmen hat sich der umstrittene Begriff der *Leitkultur* eingebürgert. Gemeint ist damit ein durch öffentliche Diskurse als legitim akzeptierter Gemeinsinn, der zu seiner Geltung auch Sanktionen beansprucht kann. Ein Feld dieser Diskurse ist die Geschichtskultur. In ihr geht es darum, die historische Perspektive zu ermitteln, in der kultureller Pluralismus freigegeben ist und zur Lebenskraft der Gemeinschaft werden kann und in der zugleich eine übergeordnete Regelung des Pluralismus durch differenzübergreifende Normen und Entwicklungsrichtungen sichtbar gemacht wird.

Aber nicht nur Flüchtlings- und Zuwanderungsströme erfordern neues historisches Nachdenken. Es gibt eine andere, höchstwahrscheinlich viel wirkungsvollere Veränderung im Regelungsgefüge der Politik: ein langfristiges Schrumpfen einer starken sozialen Mittelschicht als Ort staatstragenden Bürgersinns. Es dürfte zum Allgemeingut der politischen Bildung gehören, dass die Entstehung und Entwicklung moderner Demokratien sozial durch eine starke Mittelschicht und ihre Partizipationsansprüche an Herrschaft bestimmt war und ist. Die menschen- und bürgerrechtliche Zähmung und Kultivierung von Herrschaft sind ohne diese selbstbewusste Bürgerlichkeit und ihre Idee, als Menschen stets mehr zu sein als bloßes Mittel für die Zwecke anderer, sondern Zweck an sich selbst (Kant), nicht denkbar. Die Mittelschicht löst sich (in den Ländern moderner Demokratie) langsam auf.

Dazu gibt es eine kulturelle Begleitmusik, die die Idee vom Menschsein und Bürgersinn wenn nicht verdammt, so zumindest in den Orkus historischen Vergessens schickt: Im Bereich der Kulturwissenschaft tritt sie als Bewegung des Posthumanismus auf, und über die Grenzen der Wissenschaften hinaus erfreuen sich Phantasmagorien größerer Beachtung: Es sind Vorstellungen entweder des Untergangs durch die Wildnis entfesselter Produktivkräfte in ungehemmter Bedürfnisbefriedigung oder eines neuen Menschen, der seine Fähigkeit, die eigene Natur technisch zu beherrschen, dazu verwendet, sie entsprechend seinen Bedürfnissen auch zu verändern. Beides destabilisiert die Legitimität demokratisch verfasster Herrschaft.

Historisches Denken steht also vor der Herausforderung, seine Rolle in der Legitimation von Herrschaft bewusst wahrzunehmen und seine Potenziale theoretischen und praktischen Vernunftgebrauchs in die Erneuerung und Weiterentwicklung von Herrschaftsformen einzubringen, die den Gemeinsinn rechtlich gezähmter Herrschaft stärkt.

## d) AUSGRIFF INS TRANSZENDENTE: DIE RELIGIÖSE DIMENSION

In der *religiösen Dimension* der Geschichtskultur geht es darum, religionsspezifische historische Erfahrungen zu präsentieren. Die Vergangenheit wird daraufhin in den Blick genommen, wo und wie ein Transzendenzbezug, also etwas Numinoses oder Heiliges sich ereignet hat. Das ist in den so genannten ›historischen‹ Religionen natürlich in besonderer Weise der Fall. Sie berufen sich auf ihre Stifter als Subjekte realen Geschehens in Raum und Zeit und beziehen deren Leben und Lehre durch ihre zeitlichen Auswirkungen auf die Gegenwart der Gläubigen. Für sie gilt diese Geschichte als Garantie ihrer Fortsetzung. Sie hat stets eine Zukunftsperspektive, oft verbunden mit der Vorstellung einer Wiederkehr des Gründers als Vollendung der Geschichte seines Wirkens in und durch den Gang der Zeiten.

Sinnkriterium des religiösen historischen Denkens ist die Heilsbedeutung des innerweltlichen Geschehens, in der sich das Numinose jeweils manifestiert. Der Zeitverlauf wird in seiner Richtungsbestimmung auf Gegenwart und Zukunft (auch in seiner zyklischen Form) nach Gesichtspunkten der Auswirkung der ursprünglichen Erlösungstat oder -lehre des Gründers konturiert. Diese Tat stellt die Mitte eines Verlaufes dar. Dessen erster Teil ist Vorlauf auf das Heilsereignis, oft mit der Weltschöpfung als Anfang verbunden und mit Vordeutungen auf das spätere Heilsereignis. Der zweite Teil deckt den Zeitraum von der Stiftung bis zum Ende der Welt ab. Dieses Ende wird oft als Wiederkehr des Stifters und Errichtung einer ›heilen‹ Welt angesehen, in dem die Kontingenz innerweltlichen Geschehens in die Dauer der Erlösung von ihr vorgestellt wird.

Ein besonderes Problem stellt die religiös ausgerichtete Heilsgeschichte dar, wenn sie in den Kontext der säkularen Wissenschaftstradition der

Moderne gerät. Dann kann sie sich in radikaler Abwehr dazu verhalten und muss auf jede intellektuelle Attraktivität durch methodische Rationalität verzichten. Oder sie greift diese Rationalität auf (wie die Kirchengeschichte in den theologischen Fakultäten); dann bleibt der Heilsbezug in der Gegenständlichkeit des historischen Denkens gleichsam stecken und wird durch dessen historische Repräsentation nicht eigens aufgegriffen und fortgesetzt. Der religiöse Sinn schlägt dann nur auf den Sachgehalt der historischen Darstellung durch; diese selber bleibt dann säkular und gehört nicht zur Kontinuität des Zeitzusammenhangs der Zeiten. Konkret heißt das für die christliche Kirchengeschichte, dass sie keine Predigt und kein Teil der kultischen Praxis der Heilsvermittlung ist. Damit setzt sich freilich der Sinn, der in der historiographischen Formung steckt, vom Sinn des geformten, des religiösen Heils als Element vergangenen Geschehens ab und verhält sich zu ihm in einem (meist verdeckten) logischen Widerspruch. Das ist nur dann nicht der Fall, wenn der religiöse Sinn des (Heils-) Geschehens in der Vergangenheit reflexiv mit dem Sinnpotenzial historischer Vergegenwärtigung im Medium methodischer Forschung ausdrücklich vermittelt wird.[25]

Solche Vermittlungen sind selten. Stattdessen werden gewöhnlich religiöse Phänomene in säkularen Kontexten als besonders sinnträchtig präsentiert.[26] Säkulare Historiographie kann so zur Vermittlungsinstanz religiöser Erfahrungen (in der Vergangenheit) werden. Ihre Heilsträchtigkeit oder Erlösungsfunktion wird dabei natürlich herabgetrimmt in die Dimension eines Bildungsgutes, dessen historische Repräsentation geeignet ist, aktuellen Sinnbedarf zu befriedigen.[27] Religionsgeschichte kann dann dazu dienen, Sinndefizite ihres Kontextes zu kompensieren. Dafür steht paradigmatisch das Werk von Mircea Eliade.

### e) DIE KRAFT DER SEELE: DIE PSYCHISCHE DIMENSION DES UNBEWUSSTEN

Die psychologische Dimension des Unbewussten liegt quer zu den anderen. Sie ist dadurch ausgezeichnet, dass sie bei den mentalen Operationen des Geschichtsbewusstseins die Rolle des Unbewussten und seine komplexen Beziehungen zu den bewusst (und willentlich) vollzogenen Akten der Sinnbildung betont. Bestimmte, meist sehr negative, störende und verstörende, leidvolle Erfahrungen vom zeitlichen Wandel werden erst gar nicht zur Tätigkeit des Geschichtsbewusstseins zugelassen, sondern gleich verdrängt. Das ist insbesondere bei traumatischen Erfahrungen der Fall. In den Bereich des Unbewussten verschoben, sind sie dort durchaus wirksam, ohne dass die betreffenden Personen oder sozialen Gebilde in diese Wirksamkeit eingreifen und sie mitbestimmen können. Nur dann, wenn diese unbewusste Einwirkung auf die bewusste historische Sinnbildung zu Störungen in der zeitlichen Ordnung führen, gibt es mentale Impulse, sich diesem Verdrängten zuzuwenden und sich durch kritische Durcharbeitung die Last der Geschichte auf den Schultern der Gegenwart zu erleichtern.

Das Unbewusste ist ein Bereich der psychischen Operationen des deutenden Umgangs mit der Erfahrung historischen Wandels.[28] Es steht in spannungsreichen Beziehungen zum Bereich des Bewussten, wo die betroffenen Subjekte agieren und sich im Fluss der Zeit behaupten (müssen). Es gibt aber darüber hinaus noch den Bereich des »Über-Ich«. In ihm sind mentale Dispositionen wirksam, denen die Subjekte unterworfen sind und mit denen sie sich auseinandersetzten müssen. Das kann natürlich in ganz unterschiedlichen Formen geschehen: in mimetischer Übernahme, bewusster Annahme, kritischer Überprüfung und schließlich auch durch Zurückweisung.

Das Unbewusste ist alles andere als ein leerer Behälter für unliebsame Zeiterfahrungen. In ihm wirken mächtige Kräfte, die das menschliche Handeln bewegen und seine Subjekte leiden lassen (oder auch glücklich machen). Landläufig werden sie Triebe genannt; die Psychoanalyse bevorzugt den Terminus Libido. Sie können auch als Bildekräfte angesprochen werden. Diese Bezeichnung rückt ihren Einfluss auf die Subjektbildung des Menschen, seine Personalisierung und Sozialisierung, in den Fokus. Sie spielen eine wichtige Rolle im ontogenetischen Wechselspiel zwischen Individuum und Gesellschaft. Ihr kommen für die zeitliche Bewegung des menschlichen Lebens, für seine gattungsspezifische Geschichtlichkeit, eine geradezu konstitutive Bedeutung zu.

Kant spricht in seiner geschichtsphilosophischen Programmschrift »Ideen zu einer allgemeinen Geschichte in weltbürgerlicher Absicht« (1784) von der ›ungeselligen Geselligkeit‹ des Menschen hinsichtlich seiner Bewegtheit und Bewegung durch die Kräfte ders Libido im Verhältnis zu anderen Menschen und zu sich selber. Hegel nimmt sie als »List der Vernunft« für die Triebkräfte des zeitlichen Wandels der Menschenwelt in Anspruch und trägt damit zu ihrer intellektuellen Zähmung bei. Nietzsche glorifiziert sie als »Willen zur Macht«, der den Menschen in den Status des Übermenschen treibt, zur Herrschaft über andere und zum Genuss des Leidens der Unterworfenen. Foucault und die Nachkriegsrezeption Nietzsches sind ihm darin gefolgt, haben allerdings an der Grenze zum Übermenschen meistens, aber nicht immer[29] Halt gemacht – aus durchaus historischen Gründen.

Landläufig werden diese Wirkkräfte des Unbewussten eher als blind gegenüber der Deutungsmacht bewusster historischer Sinnbildung angesprochen. Diese Sicht blendet freilich eine ganz wesentliche Rolle des Unbewussten aus, auf die vor allem C. G. Jung aufmerksam gemacht und deren Bedeutung für das Verständnis der menschlichen Geschichte Erich Neumann[30] dargelegt hat: Es handelt sich um die Archetypen, die der menschlichen Welt- und Selbstdeutung als kategoriale Voraussetzungen zu Grunde liegen. Sie gehen mit ihrer Fundierungsfunktion für die menschliche Kultur allem historischen Wandel immer schon voraus; sie eignen sich daher als anthropologische Universalien zu einer Kulturdifferenz umgreifenden Perspektivierung von Universalgeschichte als Menschheitsgeschichte.[31] Das ist allerdings erst dann möglich, wenn sie im Verhältnis zueinander und dann vor allem im Verhältnis zur reflektierenden Subjektivität der ihnen mental unterworfenen Menschen Veränderung bewirken. Das ist nun insofern der Fall, als das Unbewusste durch seine kulturellen Auswirkungen in den Bereich des Bewussten hineinragt und dort auf die menschliche Subjektivität als Reflexions- und Deutungsvermögen trifft. Die libidinösen und archetypischen Kräfte des Unbewussten setzen die Menschen in eine zeitliche Bewegung, die deren Umgang mit ihrer Welt und mit ihrem Selbst geschichtsfähig macht; sie zwingen ihre Subjekte wegen deren Bewusstheit geradezu dazu, sich mit ihnen explizit sinnbildend auseinander zusetzen.

Diese reflektierende Auseinandersetzung gibt der zeitlichen Bewegtheit der menschlichen Existenz eine *Richtung*. Freud spricht generell davon, dass die unbewussten Kräfte des Es in das Ich hinein sublimiert werden und dabei das Über-Ich in das Ich integriert wird.[32] Jung spricht von der Entwicklung des Ich zum Selbst, in der die unbewussten Archetypen einen Prozess der menschlichen Individualisierung bewirken.[33] Neumann hat diese Richtungsbestimmung universalhistorisch ausgelegt.[34] Mit dieser Richtung, die sich personell, intergenerationell und gattungsspezifisch erstreckt, wird überhaupt erst aus zeitlichen Veränderungen ein spezifisch historischer Wandel. Ohne diese innere Ausrichtung dürften die zeitlichen Veränderungen der menschlichen Welt in alle möglichen Richtungen gehen, gleichsam taumeln. Erkenntnistheoretisch wurde dafür der Ausdruck »Chaos« (Max Weber) gebraucht.[35]

Gegenwärtig herrscht über diese Zeitrichtung der menschlichen Geschichtlichkeit eine große Unsicherheit. Zwar leben die Menschen individuell je für sich in einer solchen Gerichtetheit, aber ob diese Gerichtetheit noch als gesellschaftlich verbindlich angesehen werden kann, ist im Zuge einer allgemeinen Auflösung des *sensus communis* als Grundlage der politischen Kultur fragwürdig geworden.

Demgegenüber könnten psychologische Einsichten in die innere Gerichtetheit der mentalen Triebstruktur wichtige Anregungen zur Sinnbestimmung von Geschichte im perspektivischen Blick auf ihre doppelte Zeitrichtung geben: einmal ist es die Zeitrichtung im realen Geschehen von der Vergangenheit über die Gegenwart in die Zukunft, und dann ist es die Zeitrichtung in der Deutung des Geschehens von der die Zukunft (der teleologischen Grundbestimmung des menschlichen Handelns durch Zweck- und sinnbestimmte Absichten) über die Gegenwart (des aktuellen Handelns und Leidens) in die Vergangenheit als gedeutete Geschichte.

Was dieser zeitlich ausgerichtete Teil der menschlichen Mentalität – sozusagen ihr ›Geist‹ – für das historische Denken bedeutet, ist noch wenig erforscht worden. (Das mag daran liegen, dass die Subjektivität professioneller Historikerinnen und Historiker im Umgang mit der historischen Erfahrung auf klare methodische Regeln fixiert ist und sich mit dieser Fixierung wenig dazu eignet, auf ihre Bedingtheit durch Mächte des Unbewussten zu reflektieren).

## f) VORSCHEIN DES GUTEN: DIE MORALISCHE DIMENSION

Die moralische Dimension der Geschichtskultur beruht auf normativen Vorgaben an die Bedeutung der Vergangenheit als Geschichte für die Gegenwart. Normen spielen im historischen Denken stets eine wichtige Rolle. Sie wachsen den historisch Denkenden aus ihrem kulturellen Kontext zu und bestimmen die Deutungsperspektive, in die hinein die Vergangenheit vergegenwärtigt wird. Letztlich sind es die Normen, die das Selbstverhältnis der an der Vergangenheit Interessierten in ihrer historischen Identität bestimmen. Identität ist hinsichtlich ihrer zeitlichen Dimension eine Synthese aus der empirischen Genese und der normativ fundierten Projektion erwünschter Zukunft.

Moralisch in einem dezidierten Sinn (also moralistisch) wird dieses komplexe Verhältnis zwischen Normativität und Tatsächlichkeit dann, wenn sich die Normen verselbstständigen, sich also aus ihrer Rückbindung an die historische Erfahrung lösen und zum abstrakten Maßstab für die Beurteilung der Vergangenheit werden.

Der Blick auf die Vergangenheit trifft stets selber auf Normen, auf diejenigen nämlich, die das damalige Leben der Menschen bestimmt haben. Je weiter das historische Denken zeitlich zurückreicht, desto differenter wird diese normative Bestimmtheit (man denke etwa an die Menschenopfer der präkolumbischen Kulturen Lateinamerikas). Hinzu kommt, dass die im kulturellen Kontext des historischen Denkens wirksamen und in dieses Denken hineingewachsenen Normen sich als Sollensbestimmungen von der realen Gegebenheit der jeweiligen Lebensverhältnisse unterscheiden. Dieses Sollen kann dann leicht auf die Beurteilung der Vergangenheit zurückschlagen. Wenn es sich dabei nicht selber historisiert, wird das historische Denken *moralistisch*. Dabei verschwindet der moralische Eigenwert der vergangenen Lebensformen. Sie werden zu bloßen Objekten einer moralischen Beurteilung, die den für den historischen Charakter maßgeblichen Unterschied zwischen damals und heute nivelliert. Ein solcher Moralismus setzt das hermeneutische Gebot außer Kraft, menschliches Handeln und Leiden in der Vergangenheit im Horizont des Selbstverständnisses seiner Subjekte zu verstehen.

Folgt man diesen Geboten unbedingt, dann wird andererseits das historische Denken relativistisch. Damit freilich setzte es sich in Widerspruch zu den Normen, die das historische Denken selber konstituieren. Dagegen hilft auch kein strenger Objektivismus historischer Forschungsverfahren; denn diese sind nur ein Teil des komplexen Verhältnisses zwischen Gegenwart und Vergangenheit, in dem das historische Denken gründet. Natürlich gibt es Gesichtspunkte der Objektivität, vor allem im methodischen Verfahren der historischen Forschung.[36] Diese dienen der Kritik normativ aufgeladener Erwartungen an die eigene Bedeutung der Vergangenheit, an ihren kulturellen Wert für die Zeitorientierung der Gegenwart.

Um Moralismus, Relativismus und Objektivismus als wenig plausible Strategien des historischen Denkens zu vermeiden, kann dessen normative Bedingtheit in zweierlei Hinsicht reflektiert und konzipiert werden: Sie sollte einmal im Hinblick auf anthropologisch universelle Normen auf ihre Verallgemeinerungsfähigkeit hin überprüft werden (mit der Absicht, diese Verallgemeinerungsfähigkeit zu steigern), und sie sollte sich mit den normativen Differenzen in der historischen Erfahrung (selber normativ) ins Benehmen setzen. Dieses Benehmen wäre dann gegeben, wenn die Moral der jeweiligen Vergangenheit zu derjenigen von der Gegenwart her beanspruchten in ein genetisch-kritisches Verhältnis gesetzt würde.

Moral ist immer eine Unterscheidung zwischen Gut und Böse. Es liegt in der kulturellen Natur des Menschen, sich das Gute zuzuschreiben und das Böse abzuwehren (zumeist, indem es der Vorstellung vom Anderssein der andern eingeschrieben wird). Dass diese fundamentale Unterscheidung und ihre Bestimmung des Standpunkts des historischen Denkens im Meinungskampf der Gegenwart außerordentlich wirksam werden, lässt sich leicht an zwei Beispielen illustrieren: einmal an einer verbreiteten Viktimisierungsstrategie im Entwurf historischer Deutungs- und Bedeutungsperspektiven. Zu den Opfern zu gehören (und sei es nur in der Zuwendung zur Vergangenheit) macht die Betreffenden unschuldig. Täter sind dann immer die anderen, die dann ins Dunkel moralischer Verwerfung gerückt werden. Das zweite Beispiel bestätigt diese moralistische Strategie: der Postkolonialismus neigt dazu, alle Übel der Gegenwart der westlichen Kultur historisch zuzurechnen. Damit verliert er den eigenen historischen Boden unter den Füßen, insofern keine nicht-westlichen Alternativen namhaft und historisch plausibel gemacht werden. Das ist zumeist nicht der Fall, weil der postkoloniale Diskurs ja im westlichen Geschichtsdenken generiert wurde, in ihm auch seinen diskursiven Platz gefunden hat und im Übrigen mit seinem kritischen Moralismus von der westlichen humanistischen Tradition zehrt.

## g) HISTORISCHE BILDUNG: DIE DIDAKTISCHE DIMENSION

Die didaktische Dimension der Geschichtskultur beruht auf dem sozialen Erfordernis, dass die Lebensform einer Gesellschaft im Wechsel der Generationen auf Dauer gestellt wird.[37] Die Älteren müssen den Jüngeren vermitteln, worauf es ankommt, wenn sie den vollwertigen Status eines Mitgliedes der Gesellschaft einnehmen werden. Der Vorgang dieser Vermittlung heißt Erziehung; die Fähigkeit, sich in den Grundlagen der gemeinsamen Lebensordnung auszukennen und sie diskursiv mit den anderen Mitgliedern verhandeln zu können, kann man ›Bildung‹ nennen.[38] Bestimmendes Sinnkriterium dieser Dimension ist die aktive Kultivierung Heranwachsender zu handlungs- (und leidens-)fähigen Personen. Die wesentlichen Gesichtspunkte der jeweils maßgebenden kulturellen Orientierung werden als lehr- und lernbare Kompetenzen konzipiert und durch eine besondere Praxisform (Erziehung) in die Ontogenese der Heranwachsenden eingebracht. (Auch Ältere sind davon betroffen, wenn sie aufgrund besonderer Umstände Orientierungsdefizite überwinden wollen oder müssen.)

Zwei Typen von Erziehung lassen sich in abstrakter Verallgemeinerung unterscheiden. Entweder geht es in Kontexten so genannter ›kalter‹ Gesellschaften darum, die geltende Lebensordnung möglichst unverändert zu tradieren, oder im Kontext so genannter ›heißer‹ Gesellschaften darum, die Heranwachsenden auf eine offene Zukunft hin zu lenken, also gegenwärtige Lebensverhältnisse als veränderbar verständlich und lebbar erscheinen zu lassen. Hier dominiert die Vorstellung einer Dauer von Veränderung als Tradition zweiter Ordnung.

Diese grundlegenden Unterschiede lassen sich auch mit den Begriffen ›traditional‹ und ›modern‹ bezeichnen. Ihnen können unterschiedliche Erziehungsstrategien und Bildungsprozesse entsprechen, und es finden sich in ihrer konkreten Ausprägung stets Elemente aus beiden Typen, freilich in recht unterschiedlicher Gewichtung. In beiden Formen spielt das historische Denken oder ein ihm funktional entsprechendes Denken (zum Beispiel mythischer Art) eine wesentliche Rolle. Entscheidend ist jeweils die Konstituierung als wesentlich angesehener Traditionen (statischer oder dynamischer Art).

Den *vier Typen der historischen Sinnbildung*[39] entsprechende Lehr- und Lernstrategien lassen sich (ebenfalls in abstrakter Verallgemeinerung) unterscheiden.[40] Die *traditionale* Sinnbildung wird als mimetisches Verhalten gegenüber vorgegebenen Lebensordnungen vermittelt. Die *exemplarische* Sinnbildung ist geradezu didaktisch strukturiert. An historischen Beispielen wird die Fähigkeit gelehrt und gelernt, aus Einzelfällen von Geschehnissen in der jeweils als historisch belangvoll angesehenen Vergangenheit allgemeine Regeln menschlichen Handelns (zumeist politischer und moralischer Art) zu generieren. Die Fähigkeit dazu ist Regelkompetenz; sie wird im Umgang mit der Erfahrung der Vergangenheit angesonnen und erworben.

Dem Typ der *genetischen* Sinnbildung entspricht ein historisches Lernen und Lehren, in der die Zeitlichkeit und Veränderbarkeit der menschlichen Lebensverhältnisse und eine Richtungsbestimmung dieser Veränderung im Vordergrund stehen.

Dem Typ der *kritischen* Sinnbildung schließlich entspricht ein Lernen und Lehren, in dem es darauf ankommt, dass die Heranwachsenden die Fähigkeit erwerben, ihre aktuelle Lebensform im Blick auf die Erfahrung historisch belangvoller Geschehnisse der Vergangenheit zu überprüfen und zu kritisieren.

Alle vier Lernformen sind (auf unterschiedliche Weise) miteinander vermittelt. Entscheidend für diese Vermittlung ist die für die Erziehung jeweils in Anspruch genommene Vorstellung einer für die Gesellschaft maßgeblichen Lebensordnung. Man kann sie mit dem (umstrittenen) Begriff als ›Leitkultur‹ ansprechen.[41] Dieser Begriff ist nur dann im gegenwärtigen Erziehungs- und Bildungssystem brauchbar, wenn er Spielräume für

Vielfalt und Divergenz offenhält; und er ist dann unverzichtbar, wenn es darum geht, diese Vielfalt und Divergenz durch eine übergreifende gemeinsame Grund- (oder Meta-)Ordnung gemeinschaftsbildend zusammenzuhalten.

## h) DAS WECHSELSPIEL DER DIMENSIONEN

Die oben beschriebenen Dimensionen des historischen Denkens stehen in einem komplexen Verhältnis zueinander. Jedes Phänomen der Geschichtskultur stellt eine Mischung von ihnen dar, dessen Sinnkriterien aus entsprechenden Synthesen der unterschiedlichen Prinzipien der historischen Sinnbildung resultieren. Eine ausführliche Theorie der Geschichtskultur müsste der Wechselwirkung und der Hierarchisierung der Dimensionen nachgehen. Dominierend wäre dabei die kognitive Dimension; denn ohne Denken und Erkenntnis kommen die anderen Dimensionen nicht aus. Alle machen Gebrauch von kognitiven Inhalten und Prozeduren, vom Wissen (oder zumindest Annahmen) über das, was in der Vergangenheit geschehen ist.

Das Verhältnis der verschiedenen Dimensionen zueinander ist nicht einfach eine Synthese maßgeblicher Gesichtspunkte und ihrer Auswirkung auf die historische Vergegenwärtigung der Vergangenheit. Sie können auch im Widerspruch zu einander stehen oder geraten. So können zum Beispiel kognitive Einsichten dem politischen Legitimationsbedarf und seiner Erfüllung durch historische Traditionen widersprechen. Ästhetische Gesetzmäßigkeiten, die für die jeweiligen Medien der Präsentation maßgeblich sind, können historisches Wissen konterkarieren. Ein bekanntes Beispiel dafür ist der höchst erfolgreiche Film »Schindlers Liste«, der gegen die Tatsachen die Hauptfigur des Leo Stern als Held konzipiert, wohingegen seine Aktivitäten moralisch zumindest ambivalent waren. Demgegenüber braucht ein Unterhaltungsfilm, der beim Publikum gut ankommen soll, eine klare Position von Held versus Anti-Held.[42] In Spannung zueinander stehen auch die religiösen Sinnkriterien und die Sinnkriterien der anderen Dimensionen, insoweit diese säkular ausgerichtet sind.

Die inter-dimensionale Konglomeration oder Synthese ist in hohem Maße kontextabhängig und entsprechend selber ›historisch‹ im Sinne einer dauernden Veränderung im Zeitfluss des menschlichen Lebens.

Gibt es auch hier eine Richtungsbestimmung von Entwicklung? Angesichts der Vielfalt möglicher Konstellationen der Dimensionen findet diese einfache Frage keine einfache Antwort. Maßgebend für eine Richtungsbestimmung dürften zwei Faktoren sein: 1. einmal die Unumkehrbarkeit von Errungenschaften des historischen Denkens in seinen verschiedenen Dimensionen. Dafür mögen der Siegeszug der Methoden der historischen Forschung in der kognitiven Dimension und die Einsicht in die narrative Struktur und in den poetischen Charakter der historischen Repräsentation in der ästhetischen Dimension stehen. 2. Ferner tendiert das Verhältnis der unterschiedlichen Sinnkriterien zu einer umfassenden Synthetisierbarkeit. Ihr entspräche dann eine wechselseitige Offenheit aller Dimensionen, die natürlich ohne wechselseitige Kritik unmöglich ist. In beiden Fällen handelt es sich um dynamische Faktoren, die die Historizität der Geschichtskultur stärken.

i) DAS NETZ DER BEDINGTHEITEN

Eine systematische Analyse aller möglichen Beziehungen zwischen den einzelnen Dimensionen wäre höchst nützlich, aber sehr aufwändig. Sie würde den Rahmen dieser Untersuchung sprengen. Ich möchte nur beispielhaft zur Klärung der kognitiven Dimension deren Verhältnis zur politischen und ästhetischen in den Blick nehmen. In diesen Verhältnissen gibt es nämlich Herausforderungen, die die Substanz des Denkens in der historischen Sinnbildung betreffen, denen also eine grundsätzliche Bedeutung zukommt.

Das betrifft einmal das *Verhältnis der kognitiven zur politischen Dimension*. Historisches Denken geschieht immer in Kontexten, in denen Machtverhältnisse, also politische Absichten und Bedingungen eine Rolle spielen. Die hier wirksamen Faktoren schlagen natürlich auf das historische Denken durch und bestimmen die von ihm geleistete Perspektivierung der Vergangenheit auf die Gegenwart hin. Die englische Historiographie der Whig-Tradition ist ein gutes Beispiel dafür.[43] Liberale Ansprüche an Machtverteilung und -ausübung lassen die Vergangenheit als Prozess der Liberalisierung erscheinen. Die deutsche Historiographie des 19. Jahrhunderts ist bestimmt durch das Streben des Bürgertums nach Beteiligung an der politischen Macht und nach der Bildung eines Nationalstaates. Als der dann durch die bismarckschen Politik zustande kam, konnte einer der prominentesten Historiker dieser Zeit, Heinrich von Sybel, darüber klagen, nicht mehr recht zu wissen, auf welche politischen Ziele hin er weiter seine historische Arbeit ausrichten solle.[44] Umgekehrt konnte ein anderer, ebenfalls namhafter deutscher Historiker, der sich einen ganz anderen als den bismarckschen Staat gewünscht hatte, Georg Gottfried Gervinus, 1871 nur ein Versagen seiner politischen Inspirationen konstatieren: »Mir ist [...] zu Mut, als ob mir alle Wurzelfasern meiner vaterländischen Existenz abgeschnitten oder ausgerissen wären«.[45] Selbst Historiker, die ihre Wissenschaft zu Gunsten einer durch die methodische Rationalität der Forschung gewährleistete Objektivität von politischer Einflussnahme freihalten zu können meinten, wie Leopold von Ranke, waren sich eines inneren Zusammenhang zwischen politischer Praxis und fachlicher Erkenntnis bewusst: Für ihn ist es »die Aufgabe der Historie, das Wesen des Staates aus der Reihe der früheren Begebenheiten darzutun und dasselbe zum Verständnis zu bringen, die der Politik aber, nach erfolgtem Verständnis und gewonnener Erkenntnis es weiter zu entwickeln und zu vollenden.«[46]

Damit stellt sich ein geschichtstheoretisches Problem ersten Ranges: Wie ist es um die Wahrheitsansprüche bestellt, die das historische Denken im Rahmen seiner wissenschaftlichen Verfassung erhebt? Sind sie nicht immer durch politische Interessen und Einflüsse bedingt, also nur noch, wenn überhaupt, bedingt wahr? Aber ist eine bedingte Wahrheit überhaupt noch eine? Die Problemlage lässt sich auf das Verhältnis von Wahrheit und Macht zuspitzen. Wer dominiert wen? Ist die Wahrheit nur eine Funktion der Macht? Diese Auffassung ist weit verbreitet. Ihre klassischen Protagonisten sind Nietzsche und Foucault, und auch das Parteilichkeitstheorem des Marxismus stellt eine Funktionalisierung von Wahrheit dar.

Die Abhängigkeit der historischen Erkenntnis von politischen Bedingungen lässt sich nicht bestreiten. Aber vernichtet sie schon a priori die mit der Erkenntnis erhobenen Wahrheitsansprüche? Solche Ansprüche sind konstitutiv für Erkenntnis. Erkenntnis ohne Wahrheit ist keine. Die politische Bedingtheit des historischen Denkens drückt sich in der normativ bestimmten zeitlichen Perspektive aus, in der die Vergangenheit jeweils als Geschichte vergegenwärtigt wird. Wenn die Wahrheitsansprüche des historischen Denkens nur innerhalb dieser Perspektive erhoben werden, stellen sie sich ganz anders dar, als wenn sie generell, also quer zu aller Perspektivierung in Anspruch genommen würden. *In* ihr kann ihr Wahrheitsanspruch gestellt und begründet, überprüft und kritisiert werden. Als perspektivisch verfasste ist Geschichte wahrheitsfähig. Aber gilt ihr Wahrheitsanspruch auch in Bezug auf die Perspektive als solche? Macht die Perspektive nicht alle Wahrheit relativistisch und damit nicht allgemein verbindlich? Das wäre dann der Fall, wenn die Formung einer Perspektive durch Normen geleitete Interessen nicht ihrerseits Wahrheitskriterien folgte, – freilich anderen, nämlich im Unterschied zu der empirischen und theoretischen Erkenntnis spezifisch normativen. Normativ verfasste Wahrheit gehört in den Bereich der Ethik. Dort tritt sie u. a. als Verallgemeinerungsfähigkeit von Normen auf. (Ich würde sie als deren Menschlichkeit oder besser: Menschheitlichkeit in der Tradition des philosophischen Humanismus definieren.)

Wie nimmt sich diese revidierte (und komplexer gewordene) Wahrheit der historischen Erkenntnis und die ihr verpflichtete Form des historischen Denkens im Verhältnis zum Machtfaktor politischer Bestimmungen aus? Sie tritt nicht (mehr) als Widersacher der Macht auf, sondern als Bedingung der Möglichkeit ihrer Mächtigkeit. Macht ist umso mächtiger, je legitimer sie ist, also von den ihr Unterworfenen akzeptiert und nicht vom Widerwillen gegen Unterwerfung geschwächt wird.

Im Unterschied zum Machtfetischismus von Nietzsche, Foucault und ihren Followers ist die Macht an sich nicht blind, sondern immer (auch) sinnbestimmt im unauflöslichen Zusammenhang mit der Intentionalität des menschlichen Handelns. Macht braucht und verlangt Legitimität, und damit steht sie neben und nicht bestimmend über der Wahrheit.

Ein anderes Verhältnis im Bereich der Geschichtskultur betrifft die *Ästhetisierung* der Geschichte. Hier wird der historischen Erfahrung die Belastung der Unmenschlichkeitserfahrungen genommen. Burckhardt und Nietzsche zum Beispiel, die diese Belastung natürlich gespürt haben, sind ihr dadurch ausgewichen, dass sie Geschichte nur als ästhetische glauben rechtfertigen zu können.[47] Diese Erfahrung kann aber nur schlecht – um den Preis der Unglaubwürdigkeit – ignoriert werden. Ihr einen Sinn zu geben, ist eine der größten Herausforderungen an das historische Denken. Als Erfahrung von Unmenschlichkeit ist sie jedoch zunächst einmal sinnwidrig. Eben deshalb fordert sie das historische Denken dazu heraus, ihr so standzuhalten, dass ihre negative Qualität – ihre Last beschwerlicher Erinnerung – nicht ignoriert, sondern bewältigt wird. Ästhetisierung ist eine solche Bewältigungsstrategie. Ein hervorragendes Beispiel dafür bildet Jakob Burckhardts Geschichtsdenken. Burckhardt stellt sich der Leidenserfahrung, die die Menschheit durchgängig in den zeitlichen Prozessen der Weltveränderung macht. (Das kommt in der Geschichte des historischen Denkens nicht gerade häufig vor.) Er nennt deshalb das historische Denken »gewissermaßen pathologisch«.[48] Der damit gegebene Leidensdruck der historischen Erfahrung muss sinnbildend aufgefangen werden, und das kann durch Ästhetisierung geschehen. Dabei wird aber die zeitliche Dynamik des Geschehens, die ja grundsätzlich auch die Gegenwart umfasst, stillgestellt und das Geschehen selber als ein ästhetisches Gebilde betrachtet. Für Burckhardt z. B. erbringt die historische Erkenntnis, die er als »gewissermaßen pathologisch« charakterisiert, letztlich ein »wunderbares Schaupiel« in Blick auf die Gesamterscheinung des menschlichen Geistes im Wandel der Zeit.[49] Leidensdruck wird in ästhetisches Vergnügen umgewandelt. Damit wird aber der innere Zeitfaden, der die Vergangenheit mit der Gegenwart zur Geschichte verbindet, zerschnitten. Und da es dieser Faden ist, der in einer Komplexität von Differenz und Zusammenhang aus dem Geschehen der Vergangenheit Geschichte für die Gegenwart macht, handelt es sich bei der Ästhetisierung letztlich um eine Enthistorisierung der Geschichte. Sie wird in ein Zeitgebilde mit ästhetischer »Sinndichte«[50] um den Preis einer Abwehr ihrer negativen Erfahrungsqualität verwandelt. Die betrachtende Subjektivität stiehlt sich aus dem Zusammenhang mit dem Geschehen der Vergangenheit und schwingt sich zu einem Sinnbildner auf, der das Geschehen der Vergangenheit zum bloßen Material seiner Sinnbildung verdinglicht.

Demgegenüber käme es aber darauf an, in das Sinngebilde ›Geschichte‹ auch die Elemente aufzunehmen und zur Geltung zu bringen, die die Vergangenheit im Kontext des historischen Denkens als dessen Bedingtheit wirksam sein lässt. Dann freilich lässt sich die Last negativer historischer Erfahrung nicht mehr ästhetisierend abschütteln, sondern steht zur denkenden Bewältigung an.

Im *Verhältnis der politischen und der didaktischen Dimension* konstituiert sich die *politische Bildung*. Zumeist wird sie ›historisch-politisch‹ genannt. Damit soll deutlich werden, dass die politische Bildung nicht auf den Bereich des historischen Denkens eingeschränkt werden kann. Das gilt umgekehrt natürlich ebenfalls. Es geht in der politischen Bildung um die Fähigkeiten, die die Menschen erwerben müssen, um vollwertige und kompetente Mitglieder des Gemeinwesens zu werden. Diese Mitgliedschaft macht ihre Lebensform als Bürger und Bürgerinnen aus. Zu ihr gehört eine Einsicht in die Machtstruktur des Herrschaftssystems, in dem sie leben, und die Fähigkeit, sich in dieser Machtstruktur zu positionieren.

In der westlichen Kultur ist diese Positionierung mit dem Anspruch verbunden, durch und in ihr frei zu sein. Freiheit ist das oberste Kriterium der politischen Bildung. Sie ist als zustimmende Integration ins Herrschaftssystem nicht primär negativ bestimmt (Freiheit von), sondern als Freiheit zu (zur Beteiligung an Herrschaft). Allerdings bedeutet sie stets auch Freiheit von Unterdrückung und Fremdbestimmung. Letztlich beruht sie auf der anthropologischen Tatsache, die Immanuel Kant die ›Würde‹ des Menschen genannt und mit den Worten beschrieben hat, jeder Mensch sei mehr als ein bloßes Mittel für die Zwecke anderer Menschen, sondern ein Zweck in sich selbst.[51] Hinsichtlich der Rolle des Menschen im Macht-

und Herrschaftsgefüge seiner Zeit bedeutet das, dass der Mensch sich in ihm auch als Selbstzweck wahrnehmen und entsprechend leben kann.

Diese Wahrnehmung und Lebenschance sind ausschlaggebend für die Legitimität von (politischer) Herrschaft. Diese Legitimität hat stets eine historische Dimension (neben der legalen und charismatischen)[52]. In ihr bringt sich die politische Bildung zur Geltung: Im Horizont seines Werdens und seiner Herkunft erscheint das politische Gemeinwesen (zumeist der Staat) als so geordnet, dass seine Bürger und Bürgerinnen in ihm ihre Würde leben können. In der westlichen politischen Kultur ist diese Lebensform dadurch ausgezeichnet, dass die Beherrschten stets auch Herrscher sein können, also politisch durch Teilhabe an Herrschaft definiert sind. Der Leitfaden der historischen Bildung in der politischen ist eine Idee der Freiheit in der zeitlichen Entwicklung von Herrschaftsformen mit der Ausrichtung auf eine allgemeine, tendenziell allen Mitgliedern des Gemeinwesens zukommende Freiheit.

Im Verhältnis der *religiösen und kognitiven Dimension* geht es um die Wahrheitsfähigkeit der religiösen Einstellung des Glaubens. Wenn der Glaube in historischer Form auftritt, beansprucht er die für historische Darstellungen üblichen Plausibilitäts- oder Wahrheitsansprüche. Das ist unproblematisch, solange es sich um die Umstände und Bedingungen des Glaubens handelt, die seine jeweilige historische Ausprägung bestimmen. Was aber bedeutet historische Wahrheit für den Glauben selbst? Wenn er die Überzeugungskraft seiner historischen Kontextualisierung teilen soll, muss er selber wahrheitsfähig sein. Diese Wahrheitsfähigkeit wächst ihm im achsenzeitlichen Transzendenzgewinn zu.

In der mythischen Weltdeutung herrscht statt Wahrheit polytheistische Vielfalt. Mit der Wahrheitsfähigkeit der mosaischen Unterscheidung der Hochreligionen (vor allem der abrahamitischen) entsteht ein enormes Konfliktpotenzial, denn dann ist ein anderer Glaube als der eigene nicht bloß anders, sondern falsch.[53] Entsprechende Konflikte der wechselseitigen Negation bleiben nicht aus. Im Schritt zur Moderne werden sie dann im Prozess der Säkularisierung neutralisiert. Dabei verliert sich die religiöse Substanz der Widersprüche, wenn sie nicht in einem inneren religiösen Pluralismus aufgelöst werden und zugleich als Differenzen in der Glaubenshaltung wirksam bleiben, wie in Schleiermachers »Reden über die Religion«.[54]

Die moderne Form des historischen Denkens ist (in historischer Hinsicht) religiös fundiert,[55] neutralisiert jedoch die jeweilig wirksamen religiösen Überzeugungen zu einer säkularen Form der historischen Diskurse. In dieser Form hat sich das historische Denken in seiner fachlich-disziplinären Verfassung interkulturell ausgeweitet. Jüngste Versuche, kulturelle Differenz auf der logischen Ebene von Plausibilitätskriterien erneut ins Spiel zu bringen (in der Form einer fundamentalen Kritik an der westlichen Tradition) können nicht umhin, sich genau der rationalen Argumentation zu bedienen, die diese Tradition hervorgebracht hat. Sie kranken also an einem performativen Selbstwiderspruch. Ein universeller Rationalitätsanspruch des historischen Denkens steht also jedem religiösen Partikularismus entgegen. Nur dann, wenn dieser Anspruch nicht negiert wird, kann die Religion als Herausforderung an die historische Sinnbildung ernst genommen werden.

Ein besonderes Problem stellen religiöse Erzählungen dar, die für den Glauben wesentlich sind und Tatsächlichkeiten präsentieren, die es aber nicht gegeben hat. Paradigmatisch dafür dürfte die Exodus-Geschichte sein, die konstitutiv für die religiöse jüdische Identität ist (und darüber hinaus auch eine säkulare Bedeutung für eine Geschichte der Freiheit hat oder beanspruchen könnte).[56] Der Exodus ist nie oder zumindest nicht so, wie er in der hebräischen Bibel erzählt wird, nie geschehen. Es gibt keine faktischen Belege dafür. Was bedeutet das für die innere Geschichtlichkeit des Glaubens? Sie erweitert sich in die übersinnliche Dimension einer geistigen Welt für sich. Diese Dimension steht in einem Spannungsverhältnis zur eigentlich historischen, für die die Tatsächlichkeit des berichteten Geschehens wesentlich ist. Wenn der religiöse Glaube die nicht-tatsächlichen, also rein transzendenten Geschehnisse religiöser Geschichten ernst nimmt (und das dürfte aus seiner Religiosität als Transzendenzbezug zwingend folgen), dann entsteht ein Widerspruch in der Geltung des historisch Präsentierten. Kommt der rein geistigen Repräsentanz eine höhere Plausibilität zu, dann wird das genuin historische Geschehen entwertet; seine Faktizität verschwimmt im Nirgendwo jenseits realen Geschehens.[57]

Ein besonderer Fall religiöser Historizität stellt die Geschichte von Christi Auferstehung dar. Geschildert wird sie in den Texten des Neuen Testamentes als faktisches Geschehen. Und als solches Geschehen ist sie auch konstitutiv für das Christentum (ausweislich der religiösen Autorität seiner Gründungsschriften im Neuen Testament). Wird diese Faktizität bestritten, verliert das Christentum den historischen Boden unter den Füßen. Daher werden nicht geringe Anstrengungen unternommen, die behauptete Faktizität plausibel zu machen.[58] Diese Plausibilität steht und fällt mit einer Erweiterung des Realitätsbegriffs und seines Bezuges auf die historische Erfahrung. Damit stellt sich zugleich das Erfordernis einer Historisierung des Wirklichkeitsbegriffs und -verständnisses. Können wir unser Wirklichkeitsverständnis als über-historisch gültig ansehen? Wenn diese

Frage verneint wird, dann fallen die Errungenschaften der modernen historischen Forschung (vor allem die Quellenkritik) weg, und dieser Wegfall würde jede historische Orientierung unter modernen Lebensbedingungen unmöglich machen. Modernes Geschichtsdenken würde seinen konstitutiven Erfahrungsbezug verlieren. Insofern sollte Wirklichkeit als anthropologisch universal verstanden (und natürlich auch kulturanthropologisch erwiesen) werden. Damit aber wird die Plausibilität nicht geschehener Geschichte mit religiöser Bedeutung zu einem geschichtstheoretischen Problem ersten Ranges in Verhältnis von Religion und Säkularität in der Moderne.

Es ist etwas anderes, wenn Wirklichkeit so definiert wird, dass jenseits des faktischen Geschehens kein Raum mehr bleibt für die Annahme oder gar Erfahrung übersinnlicher Vorkommnisse. Das wird dann kategorial (als Grenze aller möglichen Sinnbestimmungen) ›post-metaphysisch‹ genannt. Im Rahmen eines solchen – fundamental säkularen – Denkens fällt dann die Religion als Sinngenerator außer Acht. Da sie aber faktisch wirksam bleibt, wird sie zum Problem des Verhältnisses von Wissen und Glauben. Allerdings ist diese Verhältnisbestimmung eine Schieflage; denn dem Glauben wird unter säkularisierten Prämissen die Vernunftfähigkeit abgesprochen. Dass er z. B. eine besondere Triebkraft menschlicher Vernunfttätigkeit sein kann (und selber – in historischer Perspektive – das Verständnis von Vernunft und ihrer Grenzen gefördert hat) wird nicht mehr ernsthaft in Betracht gezogen.

Lange Zeit waren religiöse Sinnkriterien im historischen Denken maßgeblich wirksam, nicht nur in der Kultur des Westens. So war z. B. der Durchbruch zur Transzendenz in der Achsenzeit und damit zusammenhängend der fundamentale Universalisierungsschub im Verständnis des Menschseins des Menschen eine wesentliche Voraussetzung zur Konzeption von Heilsgeschichte im Westen und von Meistererzählungen in anderen Kulturen.

Religion hat ihre eigene, innere historische Dimension. Robert N. Bellah historisiert Religion in fünf Stufen einer durchgehenden Entwicklung: er qualifiziert sie als primitiv, archaisch, historisch, frühmodern und modern. Voraussetzung dieser Entwicklung ist die Fähigkeit des Menschen, sein »Leiden oder andere Beschränkungen, die Bedingungen ihrer Existenz ihnen [den Menschen] auferlegen, […] Kraft seiner Fähigkeit zur Symbolisierung in gewissem Maße [zu] transzendieren und beherrschen und so gegenüber seiner Umwelt einen Grad von Freiheit [zu] erreichen, der in früherer Zeit nicht möglich war«.[59]

Religion ist also eine maßgebende Kraft der Transzendierung weltlicher

Lebensverhältnisse, die den Spielraum menschlicher Freiheit nach innen (zur Subjektkonstitution) und nach außen (zur Veränderung von Existenzbedingungen) erweitert. Sie ist als bewegende Kraft integraler Teil einer Universalgeschichte der menschlichen Freiheit. Diese Geschichte liegt der Moderne als jüngste Epoche der Menschheitsgeschichte voraus und zu Grunde und definiert die Möglichkeiten und Grenzen eines sinnbestimmten Verhältnisses des Menschen zu seiner Welt und zu sich selbst. »Die fundamentale Symbolisierung des modernen Menschen und seiner Situation ist die eines dynamischen, vielschichtigen Selbst, fähig – wenn auch in Grenzen – zu kontinuierlicher Selbsttransformation und fähig – wiederum in Grenzen – die Welt neu zu gestalten, einschließlich der symbolischen Formen, mittels derer er sie erfasst, und auch der Formen, die die unveränderlichen Bedingungen seiner eigenen Existenz ausdrücken.«[60]

Nimmt man diese historische Tatsache ernst, dann verschwindet die Religion nicht in der Moderne, sondern hebt sich in ihr auf, allerdings nur so lange, als diese religiöse Transzendierungsleistung bewusst gehalten und als Lebenschance begriffen wird. Das gilt dann auch für modernes säkulares historisches Denken. Ohne Wahrnehmung der in dieses Denken eingegangenen Transzendierungsleistung der Religion kann es nicht verstanden werden.[61]

# 6 EINSCHLAGENDE EREIGNISSE: DREI TYPEN HISTORISCHER KONTINGENZBEWÄLTIGUNG

Historische Sinnbildung hat als mentaler Akt Anlässe, Anstöße, Herausforderungen, Impulse. Sie reagiert dabei auf die Zeiterfahrungen, die dem menschlichen Leben in seiner äußeren und inneren Zeitlichkeit ständig zuströmen. Diese Erfahrungen treten in der Form von Ereignissen im Horizont der menschlichen Lebenspraxis auf, die gedeutet und bewältigt werden müssen. Sie ereignen sich im Wahrnehmungshorizont der vorherrschenden Kultur und müssen wegen ihrer Auswirkung auf die Lebensordnung bewältigt werden. Es handelt sich um unvorhergesehene Vorkommnisse, zum Beispiel um eine Veränderung ökonomischer Lebensbedingungen, um politische Herausforderungen sich neu formierender Menschengruppen, um das Kollabieren einer etablierten Ordnung, um einen Einbruch äußerer Gewalten, um innere Konflikte – kurz um Ereignisse, die einen hinsichtlich der etablierten Zeitordnung kontingenten Charakter haben. Sie erfordern eine eigene kulturelle Orientierungsleistung, weil sie ›neu‹ sind und nicht schon im Hergebrachten ihren Ort gefunden haben. Jeder Deutungsversuch hat eine historische Komponente; denn es geht ja um ein zeitliches Phänomen, um eine Störung im üblichen Zeitverlauf. Das zu deutende kontingente Ereignis muss sozusagen ›auf die Reihe gebracht werden‹, und die ordnende ›Reihe‹ ist stets auch eine Vorstellung vom Zeitverlauf. Als solche muss sie der etablierten Geschichtskultur kompatibel sein. Ich möchte diesen Deutungsbedarf und seine ihm entsprechenden Deutungsstrategien an einer herausragenden Krisenerfahrung erläutern: am Klimawandel.

Je nachdem, wie die Kontingenz des zu deutenden Geschehens erfahren wird, fällt seine Bedeutung unterschiedlich aus. Drei Möglichkeiten lassen sich idealtypisch unterscheiden: deutungsbedürftige Ereignisse können

(a) als normale, (b) als kritische und (c) als katastrophische oder traumatische Kontingenz erfahren werden.

(Ad a) Wenn ein kontingentes Vorkommnis als *normal* erscheint, genügt es, zu seiner Bedeutung und Einordnung in den zeitlichen Orientierungsrahmen des gesellschaftlichen Lebens schon entwickelte und bereitstehende Deutungsmuster zu aktivieren und anzuwenden. Hinsichtlich des Klimawandels z. B. gibt es Versuche, seinen herausfordernden Krisencharakter zur Normalität natürlicher Vorgänge herunterzuspielen. Dann wird er historisch in langfristige Klimaschwankungen eingeordnet und die Notwendigkeit außerordentlicher menschlicher Anstrengungen zu seiner Bewältigung in Abrede gestellt.

(Ad b) Wenn ein kontingentes Vorkommnis als *kritisch* erscheint, dann bedeutet das, dass die etablierten Deutungsmuster nicht ausreichen, um mit ihm kulturell fertig zu werden. Dann müssen die Deutungsmuster verändert oder gar neue entwickelt werden. Beim Klimawandel geht es dann darum, das Naturphänomen Klima in den Gegenstandsbereich des historischen Denkens einzuholen und damit das Verhältnis von Geschichte zur Natur grundlegend zu verändern. Die traditionelle Unterscheidung zwischen Natur und Kultur wird infrage gestellt und die Natur als Umweltfaktor systematisch in die Historisierung der menschlichen Vergangenheit hineingenommen. Damit verändern sich die anthropologischen Grundlagen des historischen Denkens zu Gunsten einer neuen Wahrnehmung und Deutung des Menschen als Naturwesen in seiner Kultur. Die Natur bekommt eine eigene Sinnqualität. Wie diese aussieht, ist bislang unklar, aber dass sie ansteht, dürfte (zum Beispiel im Kampf um Tierrechte) unbestreitbar sein. Für das historische Denken werden die Umweltbedingungen der menschlichen Lebensverhältnisse ein Faktor von deren zeitlicher Veränderung, der grundsätzlich berücksichtigt, d.h. in sein Sinnkonzept eingearbeitet werden muss. Damit werden auch diejenigen Sinnzuschreibungen an die Natur historisch interessant, die es ja bis zur modernen Verdinglichung der Natur zum Ausbeutungsobjekt menschlicher Weltaneignung immer gegeben hat. Natürlich kann hinter die moderne Kultur der technischen Naturbeherrschung nicht einfach ideologisch zurückgegangen werden, obwohl die vormodernen Kosmologien intellektuell reizvoll sind (und auch in nostalgischer Weise als heile Welt der unheilvollen Moderne nur zu gerne entgegengesetzt werden).[1] Aber diese Lücke, die die Austreibung des Sinns aus der Natur durch die modernen Wissenschaften und ihre technologischen Folgerungen geschaffen hat, ist unübersehbar geworden. Sie muss der Anstrengung der Sinnbildung unterworfen werden.

(Ad c) Wenn schließlich ein kontingentes Vorkommnis als traumatisch oder katastrophisch erfahren wird, dann heißt das, dass sein Geschehen Sinn zerstört und als eine solche Zerstörung, als Sinnvernichtung, als sinnlos gedeutet werden muss. Deutung aber heißt immer und grundsätzlich Sinnbildung. Damit stellt sich das überaus schwierige Problem, ob und wie noch sinnvoll über Sinnlosigkeit gedacht werden kann. Hier ist der Holocaust das paradigmatische Beispiel.[2] Aber auch der Klimawandel kann als sinnzerstörend erfahren werden und verlangt dann eine Sinngebung des Sinnlosen. Wenn ihm als Ursache der moderne Umgang des Menschen mit der Natur – ihre technische Beherrschung und ökonomische Ausbeutung – zugeschrieben wird, zerstört seine Erfahrung eine wesentliche kulturelle Grundlage der modernen Weltgestaltung, nämlich die Verstandesleistung naturwissenschaftlicher Erkenntnis und die weltbemächtigenden Handlungschancen der Technik. Wird der modernisierende Verstand, der alles durch Berechnung beherrschen will (und kann) als sinnlos oder gar als sinn-widrig angesehen, dann ist der Klimawandel in der Tat dramatisch, und ein katastrophisches Ende der bisherigen Kultur weltweit würde zur vorherrschenden Zukunftsvision. Geschichte würde dann zur Apokalypse.

# 7 DIE KONSTRUIERTE KONSTRUKTION DER HISTORISCHEN BEDEUTUNG

Wie immer die historische Sinnbildung im Einzelnen ausfallen mag, sie stellt eine Aktivität gegenwärtigen Denkens dar. Die Einsicht, dass die Vergangenheit durch gegenwärtiges Tun ihre Qualität als Geschichte erhält, in Droysens Worten: aus Geschäften Geschichte wird,[1] hat zu einer *konstruktivistischen Auffassung des historischen Denkens* geführt. Die Historiker werden wie kleine Weltschöpfer präsentiert: Sie schaffen aus dem bloßen Material vergangenen Geschehens allererst die Geschichte, zu der das Vergangene vergegenwärtigt wird. Wie Gott im Alten Testament den Menschen aus Lehm (Humus) schuf, so schaffen in der Auffassung des kulturwissenschaftlichen Konstruktivismus die Historiker wie kleine Götter aus dem Faktenmaterial der Vergangenheit Geschichte als sinnvolles kulturelles Gebilde. Max Weber hat diese Auffassung in die bekannte Formulierung gebracht: »Transzendentale Voraussetzung jeder Kulturwissenschaft ist [..., ...] dass wir Kulturmenschen sind, begabt mit der Fähigkeit und dem Willen, bewusst zur Welt Stellung zu nehmen und ihr einen Sinn zu verleihen.«[2] Karl Lamprecht hat die Analogie zur demiurgischen Weltschöpfung so formuliert: »Der Historiker muss der Vergangenheit Gegenwart einhauchen können, gleich Ezechiel dem Propheten: Er schreitet durch ein Gefilde voller Totengebeine, aber hinter ihm rauscht erwachendes Leben.«[3]

Ist das wirklich so? Ist die Vergangenheit der menschlichen Welt tatsächlich stumm und kommt nur durch historische Zuwendung zur Sprache? Hat sie von sich aus nichts zu sagen? Ist sie nicht im Sinnbedarf der jeweils gegenwärtigen Kultur präsent? Wenn man nur die Aktivitäten des Geschichtsbewusstseins ins Auge fasst, dann scheint das wirklich so zu sein. Allerdings arbeitet das Geschichtsbewusstsein in Kontexten und unter Bedingungen, die es nicht autonom schöpferisch in Szene setzen kann. Vielmehr sind es diese Kontexte und Bedingungen, die die Historiker (um im Sprachspiel zu bleiben) selber immer schon in die Szene gesetzt haben, in der sie und ihre Zeitgenossen agieren.

Zu diesen Voraussetzungen und Bedingungen gehören Sinnvorgaben, an die das historische Denken anknüpfen muss, um sich die Vergangenheit historisch aneignen zu können. Diese Voraussetzungen und Bedingungen sind nun selber Resultate von Entwicklungen; in ihnen ist die Vergangenheit als Ergebnis zeitlicher Veränderungen gegenwärtig. Es ist dann diese Vergangenheit, die mit ihren gegenwärtigen Ergebnissen die Historiker ›konstruieren‹, also deren Sinnbildung durchaus bedingen und beeinflussen.

Jede Selbsterfahrung von Historikerinnen und Historikern bestätigt das.[4] Man weiß, dass und wie man zu einer Generation gehört, deren zeitgeschichtliche Bedingtheit die Weichenstellung der jeweiligen historischen Perspektivierung bestimmt. (Die erste deutsche Nachkriegsgeneration zum Beispiel, der ich angehöre, spürte die Last der jüngsten deutschen Geschichte auf ihren Schultern und bemühte sich [bewusst oder unbewusst], sie erträglich zu machen.) Zählt man das Unbewusste zu solchen Bedingtheiten, dann kann nicht mehr daran gezweifelt werden, dass die Vergangenheit als Produzentin gegenwärtiger Lebensverhältnisse eine Stimme hat, also an der historischen Sinnbildung über sich selbst beteiligt ist.

›Tradition‹ ist ein Modus (neben anderen) dieser Beteiligung. Was dann jeweils zur Sprache drängt, kann ganz verschieden sein (und auch ganz verschieden verstanden werden): Errungenschaften, die verteidigt werden wollen, Versagungen, die aufgehoben werden wollen, Versprechungen, die eingelöst, Hoffnungen, die erfüllt, Schrecken, die gebannt werden wollen, Leidenserfahrungen, die nach Trost verlangen etc.[5]

Historischer Sinn ist also eine Synthese von Konstruktion und Konstruiertheit. Er macht die Sprache der Vergangenheit vernehmbar, indem er sie in die Semantik der Gegenwart übersetzt. Diese Übersetzung geschieht im Gefüge einer zeitübergreifenden Grammatik der historischen Darstellung.

Diese Verbindung zwischen Konstruktion und Konstruiertheit hat einen Knotenpunkt, wo beides vermittelt wird bzw. das eine in das andere übergeht. Er liegt da, wo die Sinnbildung, die in den zeitlichen Prozessen der menschlichen Vergangenheit stets erfolgt ist, auf diejenige der gegenwärtige Deutung trifft. Man kann das Verhältnis dieses Treffens als Verhältnis von Frage und Antwort bestimmen: Die Gegenwart fragt und die Vergangenheit antwortet. Das gilt aber auch umgekehrt: Die Vergangenheit fragt mit offenen, ungelösten, widersprüchlichen Sinnbildungen, und die Gegenwart antwortet mit umgreifenden, dem Zeitabstand und dem Zeitverlauf geschuldeten Sinnkonzepten.

In diesem ›Treffen‹ von Fragen und Antworten liegt das Fundament der hermeneutischen Ausrichtung des historischen Denkens. Wilhelm von Humboldt hat es als »eine vorhergängige, ursprüngliche Übereinstimmung zwischen dem Subjekt und Objekt«[6] beschrieben. August Boeckh, der Lehrer Droysens (neben Hegel), hat das historische Denken als »Erkenntnis des Erkannten« charakterisiert,[7] und Droysen sieht in der selbst zeitlich erstreckten Synthese von Verstehen und Verstandenem die fundamentale Sinnbestimmung der Geschichte in ihrem zeitlichen Geschehen und ihrer historischen Vergegenwärtigung zumal: »Über den Geschichten ist die Geschichte«.[8]

Diese Synthese vereinigt die materiale und die formale Form der Geschichtsphilosophie, so dass Form und Inhalt zueinander, besser: ineinander passen. Der dritte Aspekt der Geschichtsphilosophie, der funktionale, gehört notwendig dazu; denn dieses Verstehen des Verstandenen hat seine Bewährungsprobe darin, dass es die Kraft der zeitlichen Orientierung in der aktuellen Lebenspraxis hat.[9]

Man kann die Gadamersche Formulierung von einer Horizontverschmelzung[10] aufgreifen, wenn es um das Ineinander der Horizonte der kulturellen Orientierung in der Zeit geht, – ineinander freilich in vollem Bewusstsein der Zeitdifferenz. Sie verschwindet nicht, sondern geht in die Vorstellung eines Gegenwart und Vergangenheit umgreifenden Zeitverlaufs ein, eben in die »Geschichte der Geschichte«.

Es ist sinnvoll, diese zeitliche Sinnverschlingung näher zu untersuchen. Wo und wie findet sie statt? Um dieser Sache auf den Grund zu kommen, möchte ich eine Unterscheidung von drei Ebenen der historischen Sinnbildung aufgreifen, die Paul Ricoeur vorgeschlagen hat[11]: (a) die fungierende, (b) die reflexive und (c) die pragmatische. Natürlich ist diese Unterscheidung künstlich, und die Ebenen sind stets miteinander vermittelt oder ineinander verwoben; dennoch kann ihre Unterscheidung dazu dienen, die Komplexität des Vorgangs durchsichtig zu machen, durch den die Vergangenheit als Geschichte vergegenwärtigt wird.

(ad a) Auf der *fungierenden* Ebene ist historischer Sinn als Vorgabe der Vergangenheit in der kulturellen Bestimmtheit der Gegenwart wirksam und mächtig. Hier sind historische Repräsentationen harte Fakten sozialer Determinierung des menschlichen Lebens.[12] Sprache und Tradition sind Beispiele für solche objektiven Vorgaben historischen Sinns in der menschlichen Lebenspraxis. Es können aber auch Belastungen einer unheilvollen

Vergangenheit sein (wie sie die deutsche Geschichtskultur nach dem Ende der Nazi-Diktatur beschwerte). Ebenso wirken Verdrängungen einer solchen ›negativen‹ Vergangenheit (wie die Kriegsverbrechen der Japaner im zweiten Weltkrieg und im Krieg mit China, nur dass sie sich der Bearbeitung durch kritisches historisches Denken weitgehend entzogen haben).

(ad b) Auf der *reflexiven* Ebene werden historische Deutungen aktiv vollzogen. Hier ist die Erkenntnisarbeit der Geschichtswissenschaft und die Erinnerungsarbeit von Museen und Gedenkstätten und andere Institutionen angesiedelt.

(ad c) Auf der *pragmatischen* Ebene vermitteln sich Sinnvorgabe und Sinnaufgabe. Hierhin gehört zum Beispiel der schulische Geschichtsunterricht. Auf dieser Ebene wird historisches Wissen in den unterschiedlichen Dimensionen der Geschichtskultur in Anspruch genommen und gebraucht.

| | |
|---|---|
| (A) funktionale Ebene der Lebenspraxis | Geschichte ist als Gegenwart der Vergangenheit eine harte Tatsache in den Umständen des menschlichen Lebens. Sie wirkt als Resultat vergangener Entwicklungen in der Form vorgegebener Dispositionen der kulturellen Sinnbildung. Sie ›konstruiert‹ mit solchen Vorgaben das Werk der Historiker. |
| (B) vermittelnde Ebene der pragmatischen Interferenz und Reflexion | Geschichte wird hier als kulturelle Vorgabe aufgegriffen und im Rückgriff auf ›konstruktive‹ Deutungen diskursiv in die Geschichtskultur ihrer Gegenwart eingebracht. Die kognitiven Leistungen des historischen Denkens (Ebene C) werden ins praktische Leben überführt. Die dort schon wirksam vorgegebenen Faktoren der ›Geschichtskultur‹ werden aufgegriffen und verhandelt. |
| (C) Ebene der theoretischen Reflexion | Geschichte ist hier das Ergebnis absichtsvoller Deutungen der Erfahrung der menschlichen Vergangenheit. |

Ebenen der historischen Sinnbildung[13]

Wenn man den inneren Zusammenhang der drei Ebenen mit ihrer Prozesshaftigkeit erfassen will, dann stellt sich Sinnbildung als ein Geschehen dar, das aller Arbeit des Menschen an seiner Geschichte voraus- und zugrunde liegt. *Als zeitliches Geschehen ist es schlechthin gegenwärtig und kann als solches auch nicht durch mentale Zuwendung und Bearbeitung eingeholt werden.* Jeder mentale Akt des Geschichtsbewusstseins macht aus dem vorgängigen Sinngeschehen einen denkbaren Sachverhalt, stellt es gleichsam zur Reflexion und Betrachtung still. In diesem Stillstand geht die schlechthinnige Gegenwart des Vollzuges von Sinnhaftigkeit in der unmittelbaren Zeitlichkeit des menschlichen Lebens verloren. Sie tritt zurück, sie wird sozusagen untergründig und kann nur indirekt, zum Sachverhalt des Denkens geronnen, bedacht und analysiert werden. Dieser schlechthin wirkliche und gegenwärtige Sinn ist als Geschehen in der Zeitlichkeit des Menschen und seiner Welt *unvordenklich*.[14] Hier liegt übrigens, wie später noch ausgeführt werden soll, die Quelle religiöser Sinnbildung (wenn man Religion als Bemühen des Menschen verstehen will und kann, diese Unvordenklichkeit als Transzendenz in die kulturelle Orientierung und Subjektwerdung des Menschen einzuholen).

Aktuelles Sinngeschehen in der kulturellen Orientierung der menschlichen Lebenspraxis ist höchst wirksam, kann aber in und mit seinem Wirken nur im reflexiven Blick der Geschichtstheorie analysiert werden. Reflexiv angesprochen, wird es zum Objekt der Analyse; in diesem Objekt-sein wird seine Wirkung denkend stillgestellt; sein aktueller Vollzug liegt jeder Reflexion und Analyse voraus. Diese Unvordenklichkeit ist für die Belange einer Geschichtstheorie misslich, geht es doch um die entscheidenden Vorgänge im Vollzug des menschlichen Lebens, in denen und durch die ›Geschichte‹ als mentales Konstrukt von Zeiterfahrung zustande kommt. Die Geschichtstheorie stößt hier erkenntnistheoretisch im Blick auf die reale Bedingung der Möglichkeit historischer Sinnbildung auf eine transzendentale Grenze.

Kann diese Grenze überschritten werden? Natürlich lassen sich alle Sinnbildungsprozesse des Geschichtsbewusstseins in den Blick nehmen, aber eben nur *nachträglich*, – reflexiv objektiviert. Als mentales Geschehen (in actu) entziehen sie sich der Analyse. Allerdings treten sie durchaus als erkennbare Phänomene auf, die allen historisch Denkenden vertraut sind.

Ein solches geradezu alltägliches Phänomen ist der *Einfall*, dessen Bedeutung für den historischen Erkenntnisprozess Max Weber eindrücklich beschrieben hat.[15] Ohne Einfälle käme das historische Denken nicht vom Fleck und gäbe es auch keinen Erkenntnisfortschritt. Ein Einfall ist und bleibt ›unvordenklich‹, ist also den methodischen Regeln der historischen Forschung entzogen und bleibt doch wesentlich für den Forschungsprozess. Unvordenkliches Sinngeschehen im zeitlichen Prozess der menschlichen Lebensführung bringt sich als Einfall oder Kette von Einfällen ins mentale Spiel des Denkens. Dort geht es dann in die Prozeduren rationaler Erkenntnisgewinnung, -begründung und -sicherung ein. In der geleisteten Erkenntnis steht der Einfall dann in nachträglicher Kohärenz und Plausibilität der historischen Sinnfigur gedeuteter Zeiterfahrung zur geschichtstheoretischen Analyse an.

Eine andere Art und Weise, wie sich die Unvordenklichkeit aktueller Sinnbildungsprozesse ins historische Denken und dessen (meta-)theoretische Reflexion ins Spiel und zur Erscheinung bringt, ist das Erzählen selber. Die Literaturwissenschaft hat längst darauf aufmerksam gemacht, dass Erzählen mehr und anders ist als ein beabsichtigtes Produkt menschlicher Sinnbildung. Jede Erzählung hat einen Autor, aber der Erzähler selbst ist mehr als Konstrukteur des durch die Erzählung konstruierten Sinns. Jeder Verfasser einer Erzählung weiß aus eigener Erfahrung, dass es zwischen dem, was er oder sie beabsichtigen, und dem, was schließlich als Geschichte zustande kommt, ein grundsätzlicher und sehr oft auch ziemlich erheblicher Unterschied besteht. Autor und Erzähler lassen sich auseinanderdividieren und müssen auseinandergehalten werden.[16] Er oder sie erzählt (schreibt) eine Geschichte, aber im Erzählprozess mischt sich Unvordenkliches ein, so dass als erzählte Geschichte etwas anderes herauskommt als beabsichtigt oder geplant wurde. Zugespitzt gesagt, erzählt sich die Geschichte selbst (und bedient sich dabei des Autors als Medium).

Unvordenklichkeit des aktuellen Sinngeschehens heißt also nicht, dass dieses dem reflektierenden Zugriff einer theoretischen Analyse ganz entzogen wäre. Direkt zugänglich ist es freilich nicht, wohl aber indirekt in seinen erkennbaren Auswirkungen auf den Prozess des historischen Denkens und seiner Erkenntnisleistung.

# 8 DIE TIEFE DER ZEIT IM GESCHEHEN DER VERGANGENHEIT: GESCHICHTSPHILOSOPHIE

Akademisch zuständig für fundamentale Sinnfragen des historischen Denkens ist die Geschichtsphilosophie. Sie tritt in drei Formen auf: (a) als *materiale*, in der sie den inneren Sinnzusammenhang des zeitlichen Geschehens der Menschenwelt thematisiert, mit dem es sich historisch auf Gegenwart beziehen lässt; (b) als *formale*, in der sie diesen Bezug als spezifisch historische Denkform erörtert; (c) als *funktionale*, in der sie die Gegenwärtigkeit und Wirksamkeit der Vergangenheit in der Gegenwart anspricht.

## a) MENSCHHEIT IM ZEITVERLAUF: MATERIALE GESCHICHTSPHILOSOPHIE

Die *materiale* Geschichtsphilosophie präsentiert die zeitliche Bewegung, die die Geschehnisse der Vergangenheit der menschlichen Welt zu einem einheitlichen Phänomen zusammenfasst. Sie analysiert die besondere zeitliche Dynamik dieser Geschehnisse und die Richtungsbestimmung der in ihnen manifesten Veränderungen. Damit wird auch die Art und Weise angesprochen, wie die Vergangenheit des Geschehens mit gegenwärtigem Geschehen und dessen Zukunftsperspektive zusammenhängt. In historischer Perspektive beruht diese Art des historischen Denkens (in der westlichen Tradition) auf heilsgeschichtlichen Konzepten, die den Zeitverlauf von der Weltschöpfung über das Erscheinen des Erlösers bis zum Ende der Welt als durchgängiges Sinngeschehen entwerfen. Seit dem Ende des 18. Jahrhunderts wurde eine weltliche Form zur Ordnung eines rasant akkumulierenden Wissens über die Menschenwelt in Raum und Zeit entwickelt (als prototypische Beispiele seien die kantische und herdersche Geschichtsphilosophie erwähnt). Hier beschränkt sich der Zeitrahmen der von ihr sinnhaft umschlossenen und geordneten Vergangenheit auf innerweltliches Geschehen. Außerhalb der Philosophie hat ein solches Denken in Fachdisziplinen der Kultur- und Sozialwissenschaften, insbesondere in der Soziologie, in der Kulturanthropologie und in der Sozialpsychologie ihren Platz gefunden. Dort tritt sie als Theorie der kulturellen Evolution und als zeitliche Dimensionierung der Menschengattung in ihren kulturellen Manifestationen auf.[1] In dieser Form ist die Geschichtsphilosophie von Karl Jaspers[2] wirksam geblieben und weiterentwickelt worden.[3] Innerhalb der Geschichtswissenschaft wird sie (zumeist ohne die Sinnfrage explizit aufzuwerfen) als Universalgeschichte ausgearbeitet und diskutiert.[4]

Die materiale Geschichtsphilosophie hat eine doppelte Aufgabe: Sie legt die innere zeitliche Dynamik, die Geschichtlichkeit der menschlichen Welt dar. Auch die Natur hat ihre Geschichte, aber diese (Natur-)Geschichte ist bislang kein integraler Teil im Gegenstandsbereich der materialen Geschichtsphilosophie. Das war in deren ursprünglicher Verfassung bei Kant und Herder anders. Hier spielte die Natur eine wesentliche Rolle: als Ermöglichung von Geschichte. Kant sprach von einem »Plan der Natur«, dem der Gang der menschlichen Universalgeschichte folgt.[5] Herder ging einen Schritt weiter und entwickelte seine Vorstellung vom Gang der menschlichen Welt durch die Zeit, indem er die natürlichen Voraussetzungen für die Eigenart dieses Ganges kosmologisch und anthropologisch darlegte.[6] ›Natur‹ bleibt insofern Thema der Geschichtsphilosophie, als sie als anthropologische Grundlage der besonderen Zeitlichkeit des menschlichen Lebens angesprochen wird, also die zeitliche Dynamik der Veränderung der menschlichen Welt aus der Natur des Menschen plausibel macht: Es liegt in der ›Natur‹ des Menschen, über die naturalen Grundlagen seines Lebens hinauszugehen und seine Kultur als »zweite Natur« aus sich heraus zu schaffen.[7]

Wie gesagt, geht es in der *materialen* Geschichtsphilosophie darum, die »bewegenden Kräfte« der zeitlichen Veränderungen der menschlichen Welt, die Gründungsprinzipien seiner Geschichtlichkeit, aufzudecken und darzulegen.[8] Darüber hinaus gibt die *materiale* Geschichtsphilosophie die Richtung der in dieser zeitlichen Dynamik sich vollziehenden Veränderungen der menschlichen Welt an und stellt so einen grundsätzlichen Gegenwartsbezug des vergangenen Geschehens dar; sie lässt es in die Umstände und Bedingungen der aktuellen Lebenspraxis münden.

Was bewegt die Geschichte? Kant hat darauf eine überzeugende Antwort gegeben: die »ungesellige Geselligkeit« des Menschen. Sie hat ihre zeitliche Dynamik darin, dass jede Erfüllung menschlicher Bedürfnisse qualitativ neue Bedürfnisse generiert. Die damit in Kraft gesetzte Veränderungsdynamik der menschlichen Lebensumstände vollzieht sich zugleich in einem konfliktreichen Wechselspiel von Bedingungsfaktoren der menschlichen Lebensführung. Koselleck hat sie Bedingungen der Möglichkeit von Geschichte genannt und (nur) einige wenige aufgezählt, wie zum Beispiel die Spannungen zwischen Oben und Unten, Freund und Feind, Sterbenmüssen und Totschlagenkönnen.[9] Diese Aufzählung lässt sich erheblich erweitern zu folgender Liste von dynamisierenden Gegensätzen:[10]

Natur/Kultur, Oben/Unten, Zentrum/Peripherie, Innen/Außen, Mann/Frau, Alt/Jung, Eros/Thanatos,[11] Macht/Ohnmacht, Handeln/Leiden; Sterben/Totschlagenkönnen, Freund/Feind, Herr/Knecht, Arm/Reich, Individualität/Gesellschaftlichkeit, Bewusstheit/Unbewusstheit, Innerweltlichkeit/Transzendenz oder Profan/Heilig, Menschlich/Nicht-menschlich, Gut/Böse.

Diese Spannungen setzen Triebkräfte des Handelns frei, die die menschliche Welt in dauernder zeitlicher Bewegung halten. Geleitet werden die entsprechenden menschlichen Aktivitäten von Sinnkriterien, die die Lebbarkeit dieser Spannungen definieren: Aneignung und Erhaltung natürlicher Ressourcen, Legitimität, Gerechtigkeit, sozialer Ausgleich, Anerkennung von Differenz, Glück, Überleben, Frieden, Kohärenz im Selbstverhältnis (Identität), Krieg, Ausgleich, Humanität, Moralität etc. Alle diese Leitideen haben eine Ausrichtung auf Zukunft; sie geben den jeweiligen Aktivitäten eine Gerichtetheit, die zeitliche Veränderungen als Schritte oder Stadien von Entwicklungen denk- und erkennbar machen.

Integriert man diese Entwicklungen in eine umfassende Zeitperspektive, dann lässt sich diese hinsichtlich der in ihr wirksamen Sinnkriterien als *Prozess der Humanisierung des Menschen* denken. Das Ergebnis einer solchen Auffassung wäre dann eine Geschichtsphilosophie der Humanität.

## b) NARRATIVE REPRÄSENTATION: FORMALE GESCHICHTSPHILOSOPHIE

Die *formale* Geschichtsphilosophie präsentiert die Art und Weise des denkend-deutenden Umgangs mit der Erfahrung der Vergangenheit. Angeregt durch den Suprematsanspruch der Naturwissenschaften, musste die Geschichtswissenschaft darlegen können, wie und warum sich ihr Denken von der Rationalität und technischen Anwendung der naturwissenschaftlichen Erkenntnis als eine eigene Denkweise unterscheidet und zugleich ihren Status als Wissenschaft behaupten kann.

Zunächst wurde ihr Vorgehen mit dem Unterschied zwischen Erklären und Verstehen (Dilthey im Anschluss an Droysen) oder zwischen generalisierenden und individualisierenden Verfahren (Rickert) der Interpretation beschrieben. Dann erarbeitete die analytische Philosophie unterschiedliche Formen des Erklärens aus, um der Eigenart des historischen Denkens auf die Spur zu kommen. Schließlich wurde im Modus des Erklärens durch Erzählen eine Argumentationsweise ausgemacht, mit der die Logik des historischen Denkens in seiner Besonderheit dargelegt werden konnte.[12] Bis heute dominiert in der formalen Geschichtsphilosophie dieser Narrativismus.

Die Fülle der möglichen narrativen Sinnbildung lässt sich typologisch zusammenfassen und erschließen. Vier Fundamentaltypen lassen sich unterscheiden:

Historische Sinnbildung – so könnte man abgekürzt und zusammenfassend sagen – macht aus Zeit Sinn. Dieser bestimmt die Art und Weise, wie von der Gegenwart aus Bezug auf die ›andere‹ Zeit der Vergangenheit genommen wird, wie in diesem Bezug der Zeitverlauf von der Vergangenheit über die Gegenwart in die Zukunft gedacht wird und wie diese Zeit den Selbstbezug der menschlichen Subjektivität, ihre Identität, bestimmt. Das kann auf recht unterschiedliche Weise vor sich gehen. Um die Fülle konkreter Ausprägungen logisch zu ordnen, lassen sich Grundmuster ihrer Logik idealtypisch unterscheiden. Vier solcher Typen decken den ganzen Bereich des historischen Denkens ab: (I.) der traditionale, (II.) der exemplarische, (III.) der genetische und schließlich (IV.) der kritische.

(ad a) *Traditional* verfasstes Geschichtsdenken konzentriert sich auf Ursprünge und geltendes Herkommen. Historische Zeit ist die Dauer dieses ursprünglichen Herkommens im Wandel der menschlichen Welt. Dieses Geschichtsdenken formt die kulturelle Kommunikation, in der sich Geschichtsbewusstsein bildet, mimetisch: Vorgegebene ursprüngliche Lebensordnungen werden übernommen und verinnerlicht. Das Sinngebilde der historischen Zeit ist eine innerzeitliche Dauer, eine immanente Ewigkeit des Hergebrachten. Goethes Formulierung »was du ererbt von deinen Vätern hast, erwirb es, um es zu besitzen«[13] bringt diese Art, Vergangenheit zu vergegenwärtigen, prägnant zum Ausdruck.

(ad b) *Exemplarisch* verfasstes Geschichtsdenken weitet den historischen Blick über das Herkommen hinaus auf eine breite Fülle vergangenen Ge-

Narrative Repräsentation: formale Geschichtsphilosophie 77

Buchvignette mit dem Cicero-Zitat: Von Mieris, Franz von: Histori der Niederlandsche Vorsten. S'Gravenhaage: P. de Hondt 1732; Kintzinger: Chronos und Historia. 1995, Abb. 65 [von links nach rechts: Allegorien von Historia, Veritas, Chronos].

schehens, dessen Grenzen darin liegen, dass sie – wie vermittelt auch immer – mit der Gegenwart zeitlich verbunden sind. Vergangene Geschehnisse werden daraufhin in einen bedeutungsverleihenden Blick genommen, was sich von ihnen über menschliches Handeln, seine Absichten und Folgen als allgemeine Regel lernen oder einsichtig machen lässt. Geschichte ist hier – in den Worten Ciceros – »Lehrmeisterin des Lebens«.[14] Der Zeitverlauf, der das Geschehen der Vergangenheit umgreift, erhebt sich über die bloße Chronologie von Abfolgen in die Sphäre gültiger Regelhaftigkeit, die sich in den einzelnen Ereignissen manifestiert. Die dominierende Kommunikationsform der Geschichtskultur ist diejenige einer Argumentation im Modus der Urteilskraft, die Einzelfälle auf allgemeine Regeln bezieht und umgekehrt allgemeine Regeln an Einzelfällen einsichtig und beziehbar auf vergleichbare Fälle macht. Die große Geschichtsschreibung in den Hochkulturen der Vormoderne ist dieser Logik weitgehend verpflichtet. Sie bestimmen beispielsweise die Werke von Thukydides ebenso wie die von Sima Qian und Ibn Khaldun.

(ad c) *Genetisch* verfasstes Geschichtsdenken hat ein ganz anderes Zeitverständnis als das *traditionale* und *exemplarische*. Diese stellen den zeitlichen

Wandel in seine Sinnhaftigkeit innerzeitlich oder überzeitlich still, in die Dauer der Herkunft oder der Geltung allgemeiner Handlungsregeln. Genetisch heißt demgegenüber, dass der zeitliche Wandel selber, also Veränderung als solche, Sinn macht. Alle menschlichen Lebensverhältnisse werden verzeitlicht. Die dominante Zeitverlaufsvorstellung ist diejenige einer gerichteten Entwicklung, einer Transformation. Im Geschichtsdiskurs geht es dann darum, sich selbst, das eigene Selbst in diesem Zeitverlauf auszumachen und es als dynamisches, also selber zeitlich, zu konzipieren. In dieser Dynamik formiert sich das personale und soziale Selbst zu individuellen Gestaltungen.

(ad d) *Kritisch* verfasstes Geschichtsdenken bezieht sich auf vorgegebene historische Orientierungen und stellt sie infrage. Es mobilisiert im Blick auf die Vergangenheit Erfahrungen, die geltenden Orientierungen widersprechen. Zeitverläufe werden als Brüche, Diskontinuitäten und Gegenläufigkeiten dargestellt. Die kommunikative Form der Geschichtskultur ist diejenige einer bewussten Standpunkteinnahme mit Abgrenzungsabsichten. Die vergegenwärtigten Zeitverläufe der Vergangenheit werden normativer Überprüfung unterzogen, also explizit als normativ beurteilbar angesehen.

Mit dieser Typologie lassen sich Phänomene der Geschichtskultur und der unterschiedlichen Formen der Geschichtsschreibung begrifflich analysieren und systematisch vergleichen. Auch zur historischen Einordnung in langfristige Entwicklungen kann sie verwendet werden. Sie lässt sich nämlich genetisch als Theorie einer kulturdifferenzübergreifenden Entwicklung formieren: *traditionales, exemplarisches und genetisches* historisches Erzählen können als epochale Typen zeitlich einander zugeordnet; der *kritische* Typ dann als Form der Veränderung konzipiert werden. Somit gäbe es drei Hauptepochen des historischen Denkens. In der ersten dominierte der *traditionale*, in der zweiten der *exemplarische* und in der dritten der *genetische*. Mit dem *kritischen* ließe sich der Strukturwandel in den Entwicklungsschritten der drei anderen Typen verstehen.

Eindeutig dürfte die Epochenscheide zwischen *exemplarischer* und *genetischer* Sinnbildung sein. Reinhart Koselleck hat diesen Übergang, der in der so genannten ›Sattelzeit‹ des späten 18. und frühen 19. Jahrhunderts stattgefunden hat, präzise beschrieben.[15] Ähnlich ließe sich der Schritt vom Traditionalen zum Exemplarischen aufweisen. Er dürfte sich in der Gründungsphase der so genannten Hochkulturen vollzogen haben. (Bei der Überprüfung solcher Entwicklungskonzepte sollte nicht außer Acht gelassen werden, dass die Typen in der Regel nicht rein für sich vorkommen, sondern in unterschiedlichen Mischformen erscheint, in denen jeweils der eine über die andere dominiert.)

Es ist erstaunlich, dass Kosellecks scharfsinnige Analyse kein Pendant gefunden hat, das die Entstehung des Topos ›historia magistra vitae‹ geklärt hätte. Dass dieser Typus universalhistorisch verbreitet war, ist leicht einzusehen, da er von repräsentativen Historikern verschiedener Kulturen als fundamentales Deutungsmuster in Anspruch genommen wurde. So etwa bei Thukydides, bei Ibn Khaldun und den klassischen chinesischen Geschichtsschreibern. In der westlichen Geschichtsschreibung herrschte dieser Typus bis ins 18. Jahrhundert vor. (Die Heilsgeschichte war demgegenüber ganz anders angelegt, nämlich sehr viel mehr dem *genetischen* Typ angenähert.) *Exemplarisches* Geschichtsdenken setzt eine bestimmte Rationalität der Urteilskraft im Umgang mit Zeiterfahrungen voraus: explizit Regeln aus einzelnen Fällen zu generieren, und allgemeinen Regeln auf einzelne Fälle anzuwenden. Ich vermute, dass diese Rationalität eine kulturelle Errungenschaft ist, die mit der Entstehung der Hochkulturen das *exemplarische* Geschichtsdenken hervorbringt. Einschlägige Untersuchungen stehen – soweit ich sehe – bis heute aus.

Dass sich *exemplarisches* Geschichtsdenken in seiner Logik von älteren, eben traditionellen Denkformen grundsätzlich unterscheidet, liegt auf der Hand. Der *traditionale* Typ ist der älteste. Er tritt im Ursprungsmythos auf und dominiert die Deutung zeitlichen Geschehens in archaischen Gesellschaften.[16]

Es fragt sich, ob der gegenwärtige Strukturwandel der kulturellen Kommunikation von der Schrift zu den elektronischen Medien ähnliche Auswirkungen auf die Logik des historischen Denkens hat wie der von der Mündlichkeit zur Schriftlichkeit. Die Geschichtstheorie hat sich dieses Themas leider nur sehr zögerlich angenommen.[17] Immerhin gibt es eindrucksvolle Beispiele historischer Präsentationen, die den üblichen Rahmen eines gedruckten Textes sprengen.[18]

## c) DAS KULTURELLE GEDÄCHTNIS: FUNKTIONALE GESCHICHTSPHILOSOPHIE

Die *funktionale* Geschichtsphilosophie hebt auf Erinnerung als fundamentalen Modus der Vergegenwärtigung der Vergangenheit ab. Hier geht es eigentlich gar nicht um eine mentale Prozedur, durch die die zeitlich abständige Vergangenheit durch Deutung für die Gegenwart in diese eingeholt wird. Es wird vielmehr die unbestreitbare Tatsache in den Blick gerückt, dass die Vergangenheit vor diesen Prozeduren als deren Bedingung der Möglichkeit immer schon gegenwärtig und in den kulturellen Orientierungen der menschlichen Lebenspraxis wirksam ist. Der einschlägige (Memory-)Diskurs wurde gar nicht als Geschichtsphilosophie angesehen und geführt, sondern hatte sein Eigenleben *neben* der Geschichtstheorie als Erinnerungsdiskurs.[19] De facto aber verhält er sich zur Geschichtsphilosophie wie eine funktionale Ergänzung und Vervollständigung zu ihrer materialen und formalen Ausprägung.

Hinsichtlich der *funktionalen* Geschichtsphilosophie lassen sich die entsprechenden Leistungen der menschlichen Erinnerung natürlich ebenfalls typologisch ordnen. Generell können Erinnerungen spontan oder rekursiv sein. Spontan stellen sich immer wieder Bilder der Vergangenheit ein (erwünscht, aber auch unerwünscht), aber zugleich arbeiten die sich jeweils Erinnernden stets daran, ihre Erinnerungen lebensdienlich zu machen. Erinnerungen sind stets trügerisch und fügen sich nachträglichen Veränderungen im Sinne einer Reprojektion von Wünschbarkeit

In zeitlicher Perspektive kann das Gedächtnis unterschiedliche Stadien der Intensität, Wirkung und Dauer erreichen: von kommunikativer Erinnerung über ein soziales Gedächtnis einzelner Gruppen oder Institutionen bis zum kulturellen Gedächtnis einer Gruppe wie der Nation oder – umfassender – einer Kultur (wie zum Beispiel der westlichen oder der chinesischen).[20]

Eine wesentliche Bestimmungsgröße der Funktion des historischen Denkens und damit auch der Geschichtsphilosophie ist die Formulierung von *historischer Identität*. Auch sie macht eine Veränderung in universalhistorischer Perspektive durch. Fundamentale Größe der historischen Identität ist das Menschsein, die Menschheit. Anfänglich wird nur die eigene Gruppe als Menschheit definiert. Davon zeugen eindrücklich die Namen: Khoi-Khoi, San, Apache, Komantsche z. B. bedeuten schlicht Mensch.[21] Im Zusammenhang mit dem achsenzeitlichen Evolutionsschub der Kultur erweitert sich diese Bezugsgröße: die anderen Mitglieder der Gattung sind auch Menschen. Freilich wird von deren Menschsein das eigene als paradigmatisch und höchst entwickeltes abgegrenzt. Das Menschheitskriterium der eigenen Identität hat hier exklusive Züge. Ein letzter Schritt (in der Moderne) verwandelt diese Exklusion in Inklusion. Menschheit wird zum Kriterium der Anerkennung von kultureller Differenz.[22] Zugleich damit steigert sich das eigene Menschsein und das Anderssein der Anderen zu einer Individualität mit Anerkennungschancen interkultureller Kommunikation. Dafür steht paradigmatisch der klassische Humanismus von Wilhelm von Humboldt.[23] Dieser Humanismus definiert im Prinzip noch den Menschheitsdiskurs der Gegenwart (im Gegensatz zu allen modischen Trends der Dehumanisierung des Menschen).

### d) DIE EINHEIT DER DREI DIMENSIONEN

Diese drei Formen der Geschichtsphilosophie (die materiale, die formale und die funktionale) haben sich bis heute als Alternativen im Verhältnis zueinander verstanden. Dabei liegt es eigentlich auf der Hand, dass sie zusammengehören. Inhalt, Form und Funktion historisch vergegenwärtigter Vergangenheit ergänzen sich systematisch. Ihr innerer Zusammenhang bedarf freilich einer ausführlichen Analyse (die hier nicht vorgenommen werden kann). Was hält sie zusammen? Es ist der Sinn, der die Vergangenheit in drei unterschiedlichen Hinsichten zur Geschichte macht.

Dieser Sinn geht in die verschiedenen Formulierungen von Geschichtsphilosophie ein und verändert dabei seine Gestalt: In der *funktionalen* ist er eine Vorgabe des historischen Denkens, ein wirksamer Faktor in seinem kulturellen Kontext. An ihn knüpft die Tätigkeit des Geschichtsbewusstseins in seiner Arbeit an der Vergegenwärtigung der Vergangenheit an (in unterschiedlicher Weise: aufgreifend, verändernd, abweisend, oft unbewusst). In der *materialen* Geschichtsphilosophie erscheint er als Sachverhalt vergangener Geschehnisse, an die das historische Denken in seiner Formierung von Sinn ebenfalls in unterschiedlicher Weise anknüpfen kann oder zu denen es sich zumindest mit seinen Vorgaben und Absichten verhalten muss. In der *formalen* Geschichtsphilosophie schließlich dominiert diese eigene Sinnbildung des Geschichtsbewusstseins im Unterschied zur funktionalen Bestimmtheit und zur materialen Anregung.

Man kann den Sinn der Geschichte in einer logischen Abfolge dieser drei Bestimmtheiten als ein Prozessdenken verstehen. Man gelangt von einer logischen Vorgabe als Bestimmungsfaktor über eine Distanzierung von ihr durch vergegenständlichte historische Erfahrung in eine reflektierte Bestimmung durch die Subjektivität des historischen Denkens. Dieser Prozess hat eine Struktur, die sich als rekursiv, fast als kreisförmig beschreiben lässt. Denn die reflektiert-bewusste Formung geht in die Geschichtskultur ihrer Zeit ein und kann dort wiederum als Vorgabe für weitere Sinnbildungen wirken, die sich ihrerseits in ein bewusstes Verhältnis zur historischen Erfahrung verwandelt. Impuls dieses rekursiven Vorgangs ist ein Streben nach Freiheit in der historischen Aneignung der Vergangenheit. Freiheit kann einmal Befreiung von ihrem Erfahrungsdruck im kollektiven Gedächtnis und von der verstörenden Erfahrung menschlicher Unmenschlichkeit im Geschehen der Vergangenheit bedeuten.[24] Oder sie ist auch Inspiration durch die historischen Errungenschaften von Freiheitschancen in der menschlichen Lebenspraxis.

Dieser rekursive Vorgang von Vorgabe über Vergegenständlichung zur Bearbeitung ist durchaus ambivalent. Denn der dort wirksame Freiheitsimpuls ist selbst ein Faktor der historisch zu deutenden Vergangenheit. Die Entlastung, die historisches Denken vom Erfahrungsdruck negativer Geschehnisse im Gedächtnis und im Erfahrungsreservoir von Erkenntnis erfährt oder erfahren soll, und natürlich die Inspiration freiheitlicher Errungenschaften sind selber Teil des historischen Geschehens. Ihm wendet sich das Denken *nachträglich* zu. Auch hier vollzieht sich ein Sinngeschehen, das als gegenwärtiges zwar vollzogen, aber nicht schon im Vollzug als dieses angesprochen und selber sinnbildend bearbeitet werden kann. Der Geschehenscharakter der in dreifältig vermittelter Unterschiedlichkeit sich vollziehenden Geschichtskultur, ist unvordenklich, also nur nachträglich denkend zu behandeln.

# 9 SINN UND WIDERSINN

Die Sinnfrage stellt sich mit geschichtsphilosophischer Grundsätzlichkeit erst dann, wenn es gilt, mit einem Sinndefizit in der historischen Erfahrung fertig zu werden.[1] Dass Sinnlosigkeit in den Abgründen der historischen Erfahrung lauert, ist den sensibleren Historikern nicht verborgen geblieben. Dazu einige Beispiele:

*Sima Qiang* (135-93 BCE), Gründungsfigur der chinesischen Historiographie, beklagt, dass die ethischen Lehren, die sich aus dem Geschehen der Vergangenheit im Rahmen der für ihn maßgebenden exemplarischen Sinnbildung ziehen lassen, nicht recht mit der Erfahrung übereinstimmen, dass gute und böse Handlungen nicht immer zu moralisch wünschbaren Resultaten führen, sondern dass es den Guten schlecht und den Bösen gut gehen könne.[2] Diese Klage verhallt aber in der Fülle exemplarisch interpretierter Geschehnisse der Vergangenheit, die sein Werk (*Shi Ji*, um 100 BCE) aufweisen.

*Herder* kann sich nur schwer des Eindrucks erwehren, dass »alle äußeren Weltbegebenheiten nur Wolken sind oder erschreckende Missgestalten werden. Grauenvoll ist der Anblick, in den Revolutionen der Erde nur Trümmer auf Trümmer zu sehen, ewige Anfänge ohne Ende, Umwälzungen des Schicksals ohne dauernde Absicht!« Er muss seine »Philosophie der Geschichte« aufbieten, um den »Menschengeist unsterblich und fortwährend«[3] erscheinen zu lassen.

Ähnliches findet sich bei *Hegel:* Er bezeichnet die Geschichte bekanntlich als »Schlachtbank«, »auf welcher das Glück der Völker, die Weisheit der Staaten und die Tugend der Individuen zum Opfer gebracht werden«[4]. Auch hier fügt sich dann die »Schlachtbank« als List der Vernunft in einen höchst sinnvollen Geschehensablauf, in den Fortschritt im Bewusstsein der Freiheit ein.

84    Sinn und Widersinn

Schließlich sei noch auf Leopold von *Ranke* verwiesen, der in der Einleitung seiner Vorlesung über neuere Geschichte seit dem Westfälischen Frieden vom 27. April 1847 eindrucksvoll ausführte:

»Die Masse der Tatsachen unübersehbar, der Eindruck trostlos. Man sieht nur immer, wie der Stärkere den Schwächeren überwindet, bis wieder ein Stärkerer über ihn kommt und ihn vernichtet; bis dann zuletzt die Gewalten unserer Zeit gekommen, denen es ebenso ergehen wird. [...] Es bleibt nichts übrig als das Gefühl der Nichtigkeit aller Dinge und ein Widerwillen gegen die mancherlei Frevel, mit denen sich die Menschen befleckt haben. Man sieht nicht, wozu alle diese Dinge geschahen, alle diese Männer waren und lebten; selbst der innere Zusammenhang wird verdeckt«.[5]

Aber auch hier löst die für Ranke maßgebliche idealistische Zeitverlaufsvorstellung sein Befremden und seine Klage auf in die Überzeugung, dass die Geschichte im »Reiche des Geistes« »eine nicht genug zu bewundernde Welt« sei.[6]

Diese Tröstungen der Geschichtsphilosophie haben ihre Überzeugungskraft verloren. Stattdessen wird der Eindruck einer *Leidensverdrängung* durch wirkungsmächtige Traditionen des historischen Denkens unübersehbar. Damit stellt sich das Sinnproblem des historischen Denkens neu. Angesichts der Verbrechen gegen die Menschlichkeit in der jüngeren Zeitgeschichte gibt es einen neuen und ganz grundsätzlichen Sinnbedarf in der Geschichtskultur. Dafür steht paradigmatisch die Schwierigkeit, mit der *Shoah* als historischem Ereignis umzugehen. Der deutsche Genozid an den Juden Europas im zweiten Weltkrieg stellt als eine der größten, wenn nicht als die größte Herausforderung an den menschlichen Geist, an sein Deutungsvermögen im Umgang mit der Geschichte, dar.

Schon der Name Shoah sagt es: Es handelt sich um eine Katastrophe. Ein wesentliches Merkmal dieser Katastrophe besteht darin, dass sie den Sinn der Geschichte selber im Kern betrifft. Es ist eine Katastrophe *in* der Geschichte, die den Sinn der Geschichte, die das Denken über die Geschichte, mit einbezieht.

Man spricht deshalb (wie Dan Diner) vom Zivilisationsbruch durch die Shoah[7] und meint damit, dass sie ein geschichtliches Geschehen ist, in dem die geistigen Grundlagen unserer Kultur, ja, der menschlichen Kultur überhaupt in Frage gestellt werden: »Auschwitz ist ein Niemandsland des Verstehens, ein schwarzer Kasten des Erklärens, ein historiographische Deutungsversuche aufsaugendes, ja, außerhistorische Bedeutung annehmendes Vakuum. Nur ex negativo, nur durch den ständigen Versuch, die Vergeblichkeit des Verstehens zu verstehen, kann ermessen werden, um welches Ereignis es sich bei diesem Zivilisationsbruch gehandelt haben könnte«.[8]

Daher wird die historische Erfahrung der Shoah traumatisch genannt: Sie zerstört den Sinn, der der Geschichte beigemessen werden muss, wenn es darum geht, sich im Geschehen der Zeit, im Werden und Vergehen der Welt, zu orientieren. Wie kann man mit einer solchen Erfahrung umgehen? Muss man nicht der Shoah einen Sinn geben, obwohl sie keinen hat? Oder muss darauf verzichtet und nur noch geschwiegen und dieses Ereignis aus dem Bereich der Geschichtskultur verbannt und in einem Jenseits des sinnbildenden historischen Denkens angesiedelt werden? Solche Vorschläge sind gemacht worden und sie werden immer wieder gemacht. Aber sie leuchten nicht ein. Stattdessen wurden Denkmäler gebaut, in denen Kinder spielen können wie in Berlin neben dem Reichstag, und die Shoah wird in den Pflichtteil des (deutschen) Geschichtsunterrichts geschrieben.

Die Shoah ist also in die öffentliche Geschichtskultur eingerückt und macht dort Sinn. Erst recht sind die historischen Darstellungen als solche sinnvoll. Zwar wird zumeist im Vor- oder Nachwort gesagt, dass es sich um ein Geschehen handelt, das unser menschliches Deutungs- und Erklärungsvermögen überschreitet, im Darstellungsteil aber werden durchaus plausible Deutungen und Erklärungen vorgetragen. Die Kulturindustrie hat sich des Themas angenommen und es mit Sinnangeboten zugedeckt. So stellt z. B. der eindrucksvolle und höchst erfolgreiche Film *Schindlers Liste* von Stephen Spielberg (1993) die Shoah als eine dramatische Geschichte der Rettung von Juden dar, obwohl es für die allermeisten von ihnen keine Rettung gab. Sinn wird durch Lügen erschlichen.

Hat die Shoah einen Sinn? Wie ist geistig mit ihr umzugehen? Den soeben erwähnten kulturindustriellen Sinn hat sie sicher nicht. Der sollte kritisch aufgelöst werden. Aber was bleibt dann? Das historische Denken kann der Sinnfrage nicht ausweichen, weil es in die Geschichte verstrickt ist, in der der Völkermord geschehen ist. Was es heißt, ein Jude, ein Deutscher, ein Europäer, ja ein Mensch zu sein, kann nicht gesagt werden, ohne sich der sinnzerstörenden historischen Erfahrung der Shoah zu stellen. Die Shoah sitzt nicht nur den Nachkommen der Täter und der Opfer im Nacken, brennt ihnen auf der Haut. Sie ist ein integraler Teil von deren eigener Geschichte, aber eben auch tendenziell jeder Geschichte, in der es um das Menschsein des Menschen geht. Was folgt daraus?

Es gibt zwei zwingende Aufgaben der Geschichtskultur im Umgang mit der Shoah: Einmal müssen die falschen oder unzulänglichen Sinnzuschreibungen kritisiert und zurückgewiesen und an der grundsätzlichen

Sinnlosigkeit der Shoah festgehalten werden. Zugleich aber muss diese Sinnlosigkeit in das historische Denken eingebracht und dort zur Geltung gebracht werden. Das heißt nichts anderes, als *dass sinnvoll von Sinnlosigkeit geredet werden muss.*

Wie ist das möglich? Wer kann so etwas Paradoxes, ja Widersprüchliches leisten? Wo wird Sinnwidrigkeit und Sinnlosigkeit sinnvoll dargestellt? Auf diese Fragen gibt die Historiographie, wenn überhaupt, eher unbefriedigende Antworten. Anders ist es mit der Kunst. Sie ist es, die sinnvoll von Sinnlosigkeit reden kann. Das liegt im Blick auf die Werke von Samuel Beckett oder Franz Kafka auf der Hand. Es gilt aber auch für viele andere hervorragende und klassisch gewordene ältere Werke, etwa für die Dramen des Euripides und für Shakespeares »King Lear«.

Es gibt ein Kunstwerk, das sich der historischen Erfahrung der Sinnkatastrophe der Shoah stellt und ihre Sinnlosigkeit sinnenfällig macht: Claude Lanzmanns Film »Shoah« (1985). Als Kunstwerk ist der Film zugleich streng geschichtsbezogen, ohne selber historisch im Sinne einer Dokumentation oder einer historischen Darstellung zu sein. Er ist historisch, insofern er die Erinnerung der Überlebenden an das Geschehen und die Gegenwart der Orte, wo es geschah, zur Erfahrung dieses Geschehens bei den Zuschauern macht. Diese Erfahrung geschieht mit den Mitteln des filmästhetischen Arrangements unter der Leitfrage nach dem Menschsein des Menschen im Angesicht seiner Vernichtung.

Der Film ist ein Dokument sinnzerstörender Unmenschlichkeit im Medium der Kommunikation über historische Erinnerung. Er konfrontiert die Zuschauer unerbittlich mit der Frage, was es heißt, ein Mensch zu sein. Unerbittlich ist diese Frage, weil sie sich an der Unmenschlichkeit entzündet, die die Überlebenden am eigenen Leibe erfahren haben und stellvertretend für die Ermordeten zur Sprache bringen. In den Worten des Überlebenden Filip Müller:

»Vor unseren Augen sahen wir täglich, wie Tausende
und Abertausende von unschuldigen Menschen
in den Schornsteinen verschwinden.
Wir sehen ... wir können sehen mit eigene Augen,
Was der Mensch überhaupt bedeutet.«[9]

Der Film macht diese Unmenschlichkeit für die Zuschauer sinnenfällig. Er lässt das mörderische Geschehen der Vergangenheit in der Gegenwart lebendig werden.

Lebendige Vergangenheit – das ist Geschichte. Insofern ist der Film gerade wegen seines ästhetischen, seines künstlerischen Eigensinnes durch und durch historisch. Sein Eigensinn, den er als Kunstwerk hat, ist die Sinnfrage selbst. Sie wird gestellt, unüberhörbar und unübersehbar. Sie wird den Betrachtern gestellt, nicht einfach deshalb, weil sie Zuschauer sind, sondern weil es um das Menschsein des Menschen geht, also auch um ihr eigenes Menschsein. Der Film selber ist die Frage und nicht die Antwort, und genau deshalb ist er höchst sinnvoll. Wenn er etwas zu sagen hat, dann dieses: dass diejenigen, die sich der ästhetischen Erfahrung des Films aussetzen, selber diese Frage nach dem Menschsein des Menschen *sind*. Daran werden sie durch die Erinnerung der Opfer (und auch der Täter, die nicht nur die Menschlichkeit ihrer Opfer, sondern auch ihre eigene Menschlichkeit getötet haben) erinnert.[10]

Als Filip Müller es nicht mehr ertragen konnte, die grauenhafte Arbeit des Sonderkommandos zu verrichten, die Leichen aus der Gaskammer zu holen, und sterben wollte, indem er von sich aus in die Gaskammer ging, wurde ihm von einer Todgeweihten gesagt:

»Du willst ja sterben. Aber das hat doch keinen Sinn. Dein Sterben wird nicht unseres Leben bringen. Das ist keine Tat. Du musst von hier raus, du musst ja noch berichten über dem, was wir leiden, was für ein Ungerecht uns getan ... geschehen ist«[11].

Claude Lanzmann hat in seinem Film diesem Bericht die Form einer *ästhetischen Erfahrung* des historischen Geschehens gegeben. Diese Erfahrung gibt vor aller spezifisch historischen Deutung des Geschehens in der Vergangenheit auf seine Frage, was es heißt, ein Mensch zu sein, laut und deutlich die Antwort: dass die Menschen selber eine Frage nach ihrem Menschsein sind, auf die jeder für sich und alle zusammen (und natürlich auch das historische Denken) eine Antwort geben müssen.

Die akademische Historiographie kann sich der radikalen Sinnfrage, die die Shoah (und ähnliche Verbrechen gegen die Menschlichkeit[12]) aufwerfen, nicht entziehen und ihre Antwort in den Bereich der Kunst oder der Religion verschieben. Es gibt inzwischen erste überzeugende Beispiele dafür, wie Sinnlosigkeit selber sinnvoll dargestellt werden kann. Das bekannteste ist Saul Friedländers Gesamtdarstellung »Nazi Germany and the Jews«.[13] Es ist ihm gelungen, die Sinnlosigkeit der Shoah durch Zeugnisse der Betroffenen sinnfällig zu machen, dass und wie sinnlos das Geschehen – zunächst für die Betroffenen, dann aber auch für die Späteren und die Leser und Leserinnen – war und ist. Es ging ihm darum, »Blöcke der Fremdheit einzufügen, unerwartete Momente, Geistesblitze die – und darin besteht die Kraft hautnah erlebter Zeugnisse – geeignet sind, diesen Effekt der Fassungslosigkeit zu erzeugen, der für einen Augenblick zumindest alle Versuche oder Versuchungen blockiert, eine solche Geschichte zu erklären, um sie ›verdauen‹ zu können.«[14]

Friedländer lässt die Zeugnisse der Sinnlosigkeit durch seine Darstellung hindurch zu uns sprechen, ohne dass sie im Rahmen der Darstellung durch deren Sinnangebot ihren Widersinn verlören. Das beruht darauf, dass er die »Konzeptualisierung eines umfassenden Erklärungsrahmens« explizit ablehnt.[15] Das historiographische Erzählen destruiert im Prozess seiner Sinnbildung den tragenden Sinn des Erzählens selber. Analogien zum literarischen (fiktionalen) Erzählen liegen auf der Hand. Es ist also möglich geworden, nicht nur in der Literatur, sondern auch in der Historiographie, negativen Sinn sinnvoll zu bilden.

# 10 UNVORDENKLICHES IM SINNGESCHEHEN DES HISTORISCHEN DENKENS

Die Unvordenklichkeit des Sinngeschehens im aktuellen Vollzug des historischen Denkens ist natürlich selber noch ein Gedanke. Er bezeichnet aber eine Grenze des Denkens über historische Sinnbildung. Jenseits (oder besser: diesseits) dieser *Grenzen im puren Geschehen von Sinn* macht der Unterschied von Immanenz oder Innerweltlichkeit und Religiosität oder Transzendenzbezug des historischen Denkens keinen Sinn. Beide sind Modi der Nachträglichkeit gegenüber der Zuträglichkeit der Unvordenklichkeit aktuell-gegenwärtigen Sinngeschehens. Vorgängig gehören sie zusammen; sie teilen sozusagen die Sinnhaftigkeit der Welt im Bezug des Menschen auf sie und sich selbst; sie treten erst dann auseinander, wenn diese Sinnhaftigkeit zur Angelegenheit bewussten Denkens, Vorstellens und Erfahrens wird.

Ihre Unterschiedlichkeit wurzelt in der *Art und Weise, wie sie den Übertritt vom reinen Sinnvollzug in reflektierte Bewusstseinstätigkeit vollziehen. Beides geschieht im Geschichtsbewusstsein;* sie teilen also dessen Aktivitäten, durch die die Vergangenheit bedeutsam für die Gegenwart wird. Diese Gemeinsamkeit setzt sie von der Sache her in Beziehung zueinander. Ihre Differenz ist also eine sekundäre Unterscheidung in der primären Gemeinsamkeit, Vergangenheit ›historisch‹ zu machen.

Worin besteht ihre Differenz? Sie liegt darin, wie sie das (unvordenkliche) Sinngeschehen denken, sich also zu eigen machen: *Immanenz* hält das angeeignete Sinngeschehen in der Innerweltlichkeit der historischen Ereignisse und ihrer Deutung; *Transzendenz* bezieht das angeeignete Sinngeschehen auf eine überweltliche Dimension der historischen Ereignisse und ihrer Deutung.

Im *säkularen* Geschichtsdenken entfaltet sich die Sinnhaftigkeit der Geschichte aus dem menschlichen Vermögen, durch sein Denken und dessen

Bezug auf Erfahrung die menschliche Lebenspraxis kulturell zu orientieren. *Das unvordenkliche Sinngeschehen geht in die Autonomie des selbstbewussten menschlichen Denkens ein, den Sinn der Welt aus sich heraus, aus den Schöpfungskräften der eigenen Subjektivität bestimmen zu können.*

Im *religiösen* Geschichtsdenken wird diese Fähigkeit der menschlichen Subjektivität zurückgebunden an eine numinose Instanz, die sie erst sinnfähig macht. Hier ist die Sinnfähigkeit des Menschen heteronom. Sie entfaltet sich aus einem nicht selbst gesetzten Impuls heraus. Dieser Impuls wird also numinos definiert. Sein numinoser Charakter verweist auf die Unvordenklichkeit des sich aktuell vollziehenden Sinngeschehens zurück. Religiöses Denken macht daraus eine bestimmbare Transzendenz, sei es als Offenbarung oder als spezifische Erfahrung, als virtuelle Praxis oder als Verkündigung charismatischer Persönlichkeiten.

Entscheidend für die Differenz zwischen säkularem und religiösem historischen Denken ist die Art und Weise, wie sich jeweils die menschliche Subjektivität ins Spiel bringt: Autonom oder (in Schleiermachers Worten) schlechthin abhängig.[1]

Auf den ersten Blick ist diese Unterscheidung eindeutig. Bezieht man sie jedoch auf die konkreten Vorgänge der Geschichtskultur, dann kommen Übergänge und Vermittlungen ins Spiel. Zunächst einmal ist der Einfluss religiöser Sinnkonzepte im historischen Denken in der Geschichte dieses Denkens unübersehbar. Das zeigt beispielsweise die Vorstellung vom Mandat des Himmels für den Kaiser in der chinesischen Historiographie oder die Integration des menschlichen Geschehens in die Einheit einer göttlichen Vorsehung im westlichen Geschichtsdenken. Religiöse Sinnkonzepte gehen sogar in die dezidiert säkulare Denkweise der Geschichtswissenschaft ein. Dafür stehen beispielsweise Ranke oder Droysen – markante Vertreter des Historismus als Wissenschaftsparadigma.[2] Im Umkreis der akademischen Geschichtskultur können sogar genuin heilsgeschichtliche Entwicklungsvorstellungen entworfen werden, wie etwa diejenige René Girards, die eine langfristige Überwindung der Opferung Unschuldiger als Bedingung des gesellschaftlichen Zusammenhalts annimmt.[3] Umgekehrt ist moderne Geschichtstheologie ohne systematischen Rekurs auf die (säkulare) Geschichtswissenschaft gar nicht denkbar.

Er gibt ein untrügliches Indiz für das Rückgekoppeltsein von Immanenz und Transzendenz des historischen Denkens: die *Intuition*, der Einfall als notwendige Bedingung für Erkenntnisfortschritt. Max Weber hat seine fundamentale Bedeutung für die Erkenntnisarbeit der Wissenschaft und zugleich seine schlechthinnige Unverfügbarkeit hervorgehoben.[4]

Religiöse Geschichtsdeutungen können sich nicht nur neben (und manchmal auch gegen) die Dominanz innerweltlichen Geschichtsdenkens behaupten, sondern sogar als Ergänzung zu dessen Abgrenzungen von übersinnlich-numinosen Sinnquellen angesehen werden. Diese Ergänzung liegt als Potenzial schon in den anthropologischen Grundlagen der historischen Sinnbildung beschlossen. Menschsein zeichnet sich grundsätzlich durch Bestimmungsgrößen der Weltlichkeit (In-der-Welt-sein) aus, die eine Transzendierung in eine überweltliche Sinndimension darlegen, ja geradezu fordern. Es handelt sich um die anthropologischen Universalien der *Fragilität, Fallibilität, Vulnerabilität und moralischen Ambivalenz (oder in scharfer Formulierung: Bestialität)*.

*Fragilität* erfordert eine soziale Absicherung der einzelnen Personen. Diese Absicherung durch Sozialisierung erfolgt jedoch nie so, dass das Anerkennungsbedürfnis der Individuen durch seine Einbettung in soziale Umgebungen und deren Einwachsen in die Subjektivität der Betroffenen restlos befriedigt würde. Das Anerkennungsverlangen der Subjekte geht grundsätzlich über die Anerkennungsbereitschaft der Mitlebenden hinaus. Insofern kann es seine völlige Befriedigung erst durch Transzendierung der verlangenden Subjektivität in ein höheres Selbstsein mit numinoser Qualität erlangen. Solche Transzendierung gehört zum religiösen Rüstzeug jeder Kultur. Sie tritt in unterschiedlichen Formen auf: Die Spannweite geht von Selbst-Aufgabe in Rausch, Ekstase und Erleuchtungserfahrung bis zur Selbststeigerung durch Liebe, die von der numinosen Sinninstanz des Göttlichen, wenn sie selber personale Züge annimmt, ausgeht.

Das Transzendenzverlangen, das von der anthropologischen Universalie der *Fallibilität* ausgeht, hat Gotthold Ephraim Lessing so beschrieben:

»Wenn Gott in seiner Rechten alle Wahrheit und in seiner Linken den einzigen immer regen Trieb nach Wahrheit, obschon mit dem Zusatze, mich immer und ewig zu irren, verschlossen hielte und spräche zu mir: ›Wähle!‹ ich fiele ihm in Demuth in seine Linke und sagte: ›Vater gieb! die reine Wahrheit ist ja doch nur für dich allein!‹«[5]

Die Wahrheit, nach der der Mensch strebt, kann ja wohl nicht im Streben selber liegen (das ja immer auf etwas aus ist, auf Erfüllung), sondern liegt als Erfüllte in der Numinosität transzendenter Sinnquellen. Das bezeugt unmissverständlich das Christentum mit der Aussage Christi, er selbst sei die Wahrheit,[6] und nur diese Wahrheit befreie den Menschen zu sich selbst.[7]

*Vulnerabilität* verlangt nach Unversehrtheit, und die kann nur im Jenseits der Verwundbarkeit des Menschen in seinen innerweltlichen Lebenskontexten liegen. Auch hier gibt es eine große Spannung zwischen verschiedenen religiösen Unversehrtheits-Vorstellungen: von der Auslöschung des verwundbaren Selbst in ein leidfreies Nichts bis zur Auferstehung des Leibes in einer unversehrten Lebensform,[8] in der alle Tränen abgewischt sind.[9]

*Moralische Ambivalenz* (oder schärfer: Bestialität) bedeutet als anthropologische Universalie zweierlei: dass jeder Mensch zwischen Gut und Böse unterscheiden und sich in dieser Unterscheidung normativ entscheiden muss und dass diese Entscheidung stets ambivalent erfolgt. Das Böse bleibt als Potenzial von Handlungsabsichten im handelnden Subjekt selber und in seinem Verhältnis zu den Mitmenschen virtuell erhalten und daher auch als Option oder als Folge des Handelns wirksam. Die Aufklärung glaubte, Religion durch Moral ersetzen zu können, und auch heute wird die Substanz des Religiösen in der (moralischen) goldenen Regel gesehen.[10] Moralische Urteile treten häufig mit einer Emphase auf, die an religiösen Fanatismus erinnert; oft werden innerweltliche Beziehungen mit transzendenter Wucht aufgeladen. Dabei trifft die Moral den Kern des Religiösen überhaupt nicht: die Erlösung vom Leiden. Moral erlöst eben nicht. Im Gegenteil: Sie macht den Menschen, der sich seine Ohnmacht eingesteht, sein Handeln primär moralisch einzurichten, schuldig und erlösungsbedürftig.

Diese anthropologische Rehabilitierung des Religiösen setzt dieses freilich seinerseits den Erfordernissen einer transzendenten Erfahrung von vollendeter Anerkennung, absoluter Wahrheit, unversehrter Subjektivität und Überwindung des Bösen aus. Kehrt sich diese numinose Transzendenz freilich gegen ihr innerweltliches Pendant und ignoriert ihre Komplementarität zu ihm, dann schlägt sie in ihr Gegenteil um und wird inhuman: Soziale Anerkennung wird zum Konformitätszwang religiöser Verhaltensweisen, Wahrheit wird zum Dogma der Unfehlbarkeit mit einem grundsätzlich intoleranten Allgemeinheitsanspruch, Unverletzlichkeit zur zwangshaften Zurichtungspraxis und moralische Ambivalenz zur Herrschaft des Über-Ich über den Kern der menschlichen Subjektivität, das Ich.

Eine andere Form der Beziehung zwischen den beiden Denkweisen ist die Übernahme religiöser Heilsvorstellungen in weltliche Geschichtskonzepte. Transzendenz wird innerweltlich gewendet. Sie wird zu einer Zukunftsvorstellung, auf die hin die historische Deutung der Vergangenheit erfolgt.

Damit lädt sich das historische Denken mit Heilsversprechen auf (Reich der Freiheit, Ende der Entfremdung etc.), die nur enttäuscht werden können, weil transzendentes Heil in die Zwänge innerweltlicher Lebensbedingungen gepfercht wird und der utopische (überweltliche, transzendente) Charakter des religiösen Heils im realen Geschehen und seinen anthropologischen Grenzen verloren geht. Die Folgen solcher Transzendenzverbiegung machbarer Lebensverhältnisse sind desaströs: Die Widerstände der Realität gegen ihre heilsträchtige Verwandlung werden in der Regel terroristisch angegangen und zu beseitigen versucht. Das Gegenteil der erwartbaren Erlösung im Rahmen menschlicher Machbarkeit (besser: des menschlichen Machbarkeitswahns) tritt ein: Zwanghafter Befreiungswahn erzeugt das Gegenteil von Freiheit, nämlich eine ideologisch verbrämte Unterdrückung und Inhumanität.

Bei aller Differenz und Komplementarität überschneiden sich also die beiden Denkweisen. Welche Logik liegt dieser Überschneidung zu Grunde? Es ist die Logik des *Transzendentalen*, der Bedingung der Möglichkeit. Sie ist im Hinblick auf historisches Denken noch wenig entfaltet worden. Zwei Hinweise sollen diese grundsätzliche Beziehung erläutern: Einmal ist die Tatsache nicht zu leugnen, dass die theologische Plausibilität der Heilsgeschichte und damit auch der Kirchengeschichte unverzichtbar auf die Geltungssicherung durch wissenschaftliche Methodik angewiesen ist. Und zweitens setzt diese Methodik ihrerseits ein Sinnvertrauen des historischen Denkens voraus, das sich methodologisch nicht begründen lässt, ohne das aber die methodischen Verfahren der Forschung hinsichtlich ihres hermeneutischen Charakters nicht mehr plausibel wären.

# 11 LICHT INS DUNKEL DER ZUKUNFT: HINWEISE AUF EIN ZUKUNFTSFÄHIGES HISTORISCHES DENKEN

Es gibt eine ganze Reihe von Herausforderungen, die dem historischen Denken gegenwärtig aus seinen kulturellen, sozialen und politischen Kontexten zuwachsen: (a) die Digitalisierung im Medium der kulturellen Kommunikation, (b) ein neues Verhältnis zur Natur und (c) die Erweiterung des historischen Horizonts im Zuge der Globalisierung.

(ad a) *Digitalisierung* ist ein wesentliches Element im fundamentalen Wechsel im Medium der kulturellen Kommunikation von der Schriftlichkeit zu elektronischen Formen. Sie stellt für das historische Denken mehr als nur eine Ergänzung des methodischen Arsenals der Beschaffung von Informationen über die Geschehnisse der Vergangenheit dar. Ihr Gebrauch ist eine Antwort auf die Orientierungsprobleme, die die Rolle von Computern in allen Sparten der menschlichen Lebenspraxis aufwirft: eine Bewältigung der steigenden Informationsflut und die Anwendung ganz neuer Denk- und Darstellungsformen in der Geschichtskultur. Ihnen entsprechend müssen neue Interpretationsperspektiven entworfen werden, die ein neues nicht-lineares Zeitverständnis ermöglichen. Die Methodik der historischen Forschung setzt die Möglichkeit erheblich erweiterter Informationsgewinnung aus den Relikten der Vergangenheit in die Heuristik, Kritik und Interpretation der historischen Erkenntnisgewinnung um; dabei geht die Darstellung historisch vergegenwärtigter Vergangenheit weit über die Möglichkeiten textlicher Erzählungen hinaus. Es werden Hyper-Texte möglich, die sich nicht mehr in der üblichen Weise (zumeist durch Druck) formulieren lassen.[1]

Welche Auswirkungen solche Formen auf die zeitliche Orientierung der menschlichen Lebenspraxis haben, ist noch wenig absehbar. Allemal aber wird sich die menschliche Subjektivität noch stärker ins Spiel der historischen Deutung bringen, als das schon bisher der Fall war. Wesentlich, ja entscheidend für die Orientierung dürfte die Tatsache sein, dass die Dominanz von Algorithmen in der Gestaltung der Lebenspraxis durch spezifisch historische, also narrative Formation von Erkenntnis gebrochen werden kann. Das könnte zu einer Steigerung von Individualität (personaler und sozialer Art) in den mentalen Prozessen der Identitätsbildung führen.

Es ist eine offene Frage, wie jeweils die Sinnkriterien aussehen, die die Digitalisierung mit sich bringt. Es wird zu klären sein, welche sich von den gegenwärtig üblichen nicht unterscheiden und welche sich ändern. In jedem Falle aber ändert sich die historische Erfahrung selber: die Abständigkeit der Vergangenheit geht in neue Vergegenwärtigungen (vor allem durch Bild-Medien) ein; entsprechend verändert sich die historische Zeitverlaufsvorstellung als Faktor der Sinnbildung in eine höhere Komplexität hinein.

(ad b) *Natur* wurde bislang als das Andere der Kultur angesehen. Ihre Historisierung in Physik und Biologie hat das auf die menschliche Kultur gerichtete Geschichtsverständnis wenig berührt. Lediglich die Schnittstelle zwischen biologischer und kultureller Evolution wurde genauer ins Auge gefasst und die Bedingungen der Möglichkeit dafür ermittelt, dass sich Kultur als Daseinsbereich des Menschen ausbilden konnte.[2] Die technische Beherrschung der Natur hat als Ausbeutung Folgen gezeigt, die die menschliche Kultur ernsthaft bedrohen. Mit dieser menschengemachten Bedrohung ist die Natur in die kulturelle Reflexion des Menschen auf sich selbst und die zeitliche Dimension seines Lebens gleichsam hineingewachsen. Sie gewinnt eine innergeschichtliche, den historischen Zeitverlauf essenziell tangierende Bedeutung. Mit dieser Bedeutung muss sie ›verstanden‹ werden. Dazu bedarf sie einer Stimme, die ihr nicht von sich aus, von sich selber zukommt, sondern ihr vom Menschen verliehen wird.

Diese Erfordernis trifft auf eine gegenläufige Entwicklung in den Kulturwissenschaften. Dort wird der ›Speciezismus‹ ihrer anthropologischen Fundierung kritisiert. Im Gefolge eines ›animal turn‹ wird der Sonderstatus der Kultur als menschengemachte gegenüber der Vorgabe naturaler Bedingungen problematisiert. Das kann bis zur Leugnung einer qualitativen Differenz zwischen Natur und Kultur führen. Damit würde eine anthropologische Begründung der Eigenart der Kulturwissenschaften und ihre epistemologische Differenz zu den Naturwissenschaften enorm erschwert, wenn nicht gar unmöglich gemacht. Was an ihre Stelle treten soll, ist dabei aber offen geblieben.

Eine andere Tendenz in den Kulturwissenschaften führt ebenfalls zur

Liquidation der bisherigen anthropologischen Fundierung der Kulturwissenschaften und zu Versuchen, ihre Erkenntnisweisen durch neu an Technik und Naturwissenschaften angepasste zu ersetzen. Sie tritt unter der Bezeichnung ›post-human‹ auf. Ihr liegt die richtige Diagnose zu Grunde, dass die Manifestationen des Menschseins im Umgang mit der Natur sich erheblich und mit unabsehbaren Folgen ändern. Die dem Menschen technisch zuwachsenden Möglichkeiten der Veränderung seiner natürlichen Ausstattung schlagen auf sein natürliches Menschsein selber durch. Der Mensch rückt in die Nähe der von ihm künstlich geschaffene Maschinen, und er versteht sich selber im Deutungsschema der Maschinen als ›Cyborg‹. Nun ist die Fähigkeit des Menschen, die eigene Natur zu verändern, wahrlich nicht neu. Schon die Initiationsriten in archaischen Gesellschaften machen aus Heranwachsenden ›neue‹ Menschen. Sie drücken das u.a. dadurch aus, dass sie ihre Körper verändern (z.B. Tattoos, Beschneidung). Nun haben die Möglichkeiten, den menschlichen Körper als Natur zu verändern, dramatisch zugenommen.[3] Der Fantasie scheint keine Grenze gesetzt zu sein. Einige Ideologen der technischen Machbarkeit glauben sogar, durch Verlagerung der im Gehirn gespeicherten Informationen in einen Computer mit entsprechend großem Speicher unsterblich zu werden.

Es sollte jedoch bei allen Zukunftsvisionen nicht übersehen werden, dass in allen Veränderungen seiner naturalen Ausstattung der Mensch Mensch bleibt, ein schöpferisches Subjekt seiner zweiten Natur. In seiner weltverändernden Kreativität bleiben eine soziale Fragilität, seine geistige Irrtumsfähigkeit, seine psychophysische Verwundbarkeit und seine moralische Ambivalenz (Bestialität) erhalten. In allen Tendenzen, sich selbst zu transzendieren, nimmt sich der Mensch mit diesen Eigenschaften mit und löst sich beileibe nicht in einer völlig anderen, nicht mehr menschlichen Lebensform auf.

Freilich, das Verhältnis des Menschen zur Natur ist gewaltigen Veränderungen unterworfen. Die jüngste besteht angesichts des Klimawandels darin, dass der Mensch sich Verantwortung für die Natur zusprechen muss, wenn er überleben will.

Diese Verantwortung ist alles andere als eine Naturalisierung des Menschen, eine Annäherung an die Natur, wie es der so genannte ›animal turn‹ in den Kulturwissenschaften nahelegen will. Es handelt sich hier vielmehr geradezu um eine Steigerung der Differenz zwischen Mensch und Natur. Denn diese ist grundsätzlich nicht verantwortlich für sich. Verantwortung schreibt ihr einen Sinn für den Menschen vor, eine Art Beantwortbarkeit auf sein nun sinnhaft (über pure Ausbeutung hinaus) bestimmtes Verhältnis zu ihr. Dass Natur vom Menschen weiterhin angeeignet werden muss, und dass der Mensch sich vor der Natur auch weiterhin schützen muss, dürfte außer Frage stehen. Aber die menschliche Verantwortlichkeit setzt eine neue Sinnqualität der Natur in Kraft. Der Übergang von Natur in Kultur verliert den Charakter einer scharfen Trennung zugunsten einer komplexen Vermittlung, in der beide Seiten jeweils in die andere hineingewachsen sind und noch hineinwachsen.

Damit gerät eine *kosmologische* Grundlage des historischen Denkens in den Blick, die die klassische Geschichtsphilosophie von Kant bis Hegel noch expliziert hatte, die aber in der fachlichen Institutionalisierung der historischen Erkenntnis weitgehend verloren gegangen ist. Typisch für diesen Verlust ist Max Webers erkenntnistheoretische Qualifikation der außerkulturellen Faktizität der Welt als »Chaos«.[4] Es steht also eine erhebliche Vertiefung und Erweiterung des Sinnkonzeptes ›Geschichte‹ als sachgeboten an.

(ad c) Die *Globalisierung* des historischen Denkens ist in vollem Gange. Universalhistorien und Kulturvergleiche sind Selbstverständlichkeiten der Geschichtskultur geworden. Und doch gibt es ein Sinnproblem, das einer eingehenderen Analyse bedarf, als es die Geschichtstheorie bisher unternommen hat. Es geht um die Orientierungsfunktion der historischen Erkenntnis und dort um die Frage, wie sich in universalhistorischer Perspektive die unterschiedlichen Zugehörigkeiten und Abgrenzungen des Eigenen vom Anderen konzipieren lassen. Die bisherige Universalgeschichte setzt sich über diese elementare Funktion des historischen Denkens durch Nicht-Thematisierung hinweg, aber es gibt recht problematische gegenläufige Tendenzen mit starker ethnozentrischer Ausrichtung.[5]

Bezugspunkt des historischen Denkens ist auch im Zeitalter der Globalisierung die kulturelle Identität seiner Subjekte und Adressaten. Dass es diese Identität gibt, lässt sich nur mit intellektueller Arroganz bestreiten. Sie trägt sich durchaus in entsprechenden Perspektivierungen aus. In ihnen wird die eigene Kultur in Abgrenzung von anderen als normativ überlegen, als höherwertig ausgewiesen. Das war in der westlichen modernen Universalgeschichte der Fall (wenn auch eine Selbstkritik des Westens nicht übersehen werden sollte[6]). Dieser Ethnozentrismus kehrt nun aber in der Umkehrung seiner Wertung wieder. Nun wird die westliche Kultur für alle Modernisierungsschäden verantwortlich gemacht, die inzwischen eine hohe Aufmerksamkeit auf sich ziehen.[7] Das ethnozentrisch hoch aufgeladene Deutungsschema des Verhältnisses von Täter und Opfer findet allenthalben Anwendung auch und gerade bei denen, die für diese Schäden historisch verantwortlich gemacht werden. Moralische Kritik und

Selbstkritik üben eine Tugendherrschaft aus, die die fundamentale Ambivalenz des Moralischen ignoriert und den Erfahrungsbezug des historischen Denkens erheblich einzuschränken droht.

Ohne normative Setzungen lassen sich jedoch historische Perspektiven mit Identitätsrelevanz nicht entwerfen. Insofern sind kritische Hinsichten grundsätzlich nicht verwerflich, sondern geradezu geboten. Wenn sie freilich ethnozentrisch (etwa im Trend einer allgemeinen Viktimisierung) auftreten, gefährden sie die Plausibilität historischer Urteile. Kulturelle Differenz kann, muss und soll sich historisch austragen. Es fragt sich nur wie? Im Rekurs auf anthropologische Universalien könnten das gemeinsame Menschsein und sein Potenzial kultureller Selbstbestimmung einen differenzübergreifenden Ansatz historischer Perspektiven hergeben, der die Differenz als Phänomen eines kommunikativen Verhältnisses erkennbar macht. In diesem kommunikativen Verhältnis liegen bei aller Kritik Möglichkeiten wechselseitiger Anerkennung beschlossen. Deren Aktualisierung entspricht der sinntheoretischen Einsicht, dass der Sinn des Sinnes der Mensch ist.

# ANHANG:
# MODELLE DER GESCHICHTSTHEORIE:
# HUMBOLDT – DROYSEN – WHITE

© Springer Fachmedien Wiesbaden GmbH, ein Teil von Springer Nature 2020
J. Rüsen, *Historische Sinnbildung*, https://doi.org/10.1007/978-3-658-32171-0

Ich füge zu meiner systematisch angelegten Arbeit drei historische Texte hinzu. Sie ergänzen die Systematik, indem sie an drei Beispielen zeigen, dass und wie meine Überlegungen sich historisch einordnen lassen. Das liegt im Falle Droysens auf der Hand. Ich habe nie einen Hehl daraus gemacht, dass ich ihm entscheidende Anregungen verdanke. Seit meiner Dissertation über ihn (1966) hat mich seine ›Historik‹ als Vorbild und Anregung nicht verlassen.

Humboldt ist erst viel später in mein Blickfeld getreten. Droysen selbst hat ihn durch seine Charakterisierung als »Bacon der Geschichtswissenschaft« in einen engen Zusammenhang mit seinen eigenen Bemühungen in der Geschichtstheorie gebracht, aber ich bin diesem Hinweis bis vor kurzem nicht gründlich nachgegangen. Es bedurfte erst größerer Anregungen, um seinem Geschichtsdenken die Aufmerksamkeit zu schenken, die es (auch und gerade) in der Traditionslinie zu Droysen verlangt.

Es war Humboldt, der neben Herder die hermeneutische Grundlegung des modernen Geschichtsdenkens (im deutschen Sprachraum) in Angriff genommen hatte. Droysen hat auf dieser Grundlage dann die historische Methode analysiert, mit der die Geschichtswissenschaft den Rang einer eigenständigen akademischen Disziplin genonnen hatte.

Mit Hayden White hat mich neben einer Jahrzehnte langen Freundschaft eine ambivalente Beziehung verbunden. Ich habe seine narrativistische Grundlegung der Geschichtstheorie stets verteidigt, zugleich aber seine durchgängige Kritik an der akademischen Rolle und Form der Geschichtswissenschaft kritisiert.

Die drei Texte markieren wichtige Schritte in der Entwicklung der modernen Geschichtstheorie. Humboldt steht für die hermeneutische Wendung in der Gründungsphase der modernen Kulturwissenschaften, Droysen für ihre disziplinäre Wendung in der Ausbildung ihrer Fachlichkeit und Hayden White schließlich für ihre erzähltheoretische Restrukturierung.

Leider ist der Bezug auf die disziplinäre Verfassung des historischen Denkens im aktuellen geschichtstheoretischen Diskurs stark zurückgetreten, wenn nicht gar verschwunden. Das zeigen nicht zuletzt die scharfsinnigen Analysen Hayden Whites. Im Rückblick auf Droysen werden mit Whites narrativitätstheoretischen Leistungen zugleich deren Beschränktheit deutlich. Die diese Beschränktheit übergreifende Verstehensleistung, die das historische Denken erbringt, und die damit untrennbare Begründungsfunktion werden von Humboldt her einsichtig.

Zusammenfassend lässt sich sagen, dass die drei hier behandelten Autoren das ganze Feld der Geschichtstheorie (mit der Grenze seiner interkulturellen Erstreckung) erschließen und insofern die Systematik des Hauptteils dieses Buches sinnvoll ergänzen können.

# HERMENEUTIK DER INDIVIDUALITÄT:
# WILHELM VON HUMBOLDT

In der deutschen Diskussion über Grundlagen, Eigenart und Funktion des historischen Denkens hat Wilhelm von Humboldt (1767-1835) eine wichtige Rolle gespielt. Er hat in der Formationsphase des modernen historischen Denkens dessen Prinzipien erörtert und zwar in einer Weise, die für die Ausbildung der Geschichtswissenschaft als Fachwissenschaft eine besondere Bedeutung hatte: diese Bedeutung betraf den Geschichtsbegriff und die menschheitliche Ausrichtung und die hermeneutische Fassung des historischen Denkens. In der Gründungsphase der Geisteswissenschaften in Deutschland – in der sogenannten »Sattelzeit«[1] – hat Humboldt Wesentliches dazu beigetragen, ihr ein menschliches, individualistisches und hermeneutisches Gepräge zu geben.

*Menschlich* heißt: Bezugsgröße der wissenschaftlichen Erkenntnis ist der Mensch mit seiner Fähigkeit, sein Menschsein sinnbildend in die kulturelle Schöpfung seiner Welt einzubringen.

*Individualistisch* heißt: Dieses Menschsein wird an der historischen Besonderheit kultureller Gestaltungen ausgemacht. Die Sinngebungskompetenz des Menschen wird in ihrer Ausprägung durch Bildung zu Persönlichkeiten manifest.

*Hermeneutisch* heißt: Die kulturellen Gestaltungen der menschlichen Welt werden im Rückgang auf die Fähigkeit zu einer solchen Gestaltung begriffen. Dieses Begreifen ist »Verstehen«. Es setzt eine innere geistige Verbindung zwischen verstehendem Subjekt und verstandenem Sachverhalt voraus.

Humboldts Lebenszeit fiel in die Gründungsepoche der modernen Geschichtswissenschaft. 1767 geboren (18 Jahre nach Goethe, acht Jahre nach Schiller) gab ihm sein sozialer Status als Adliger (ostpreußischer Amtsadel) finanzielle Unabhängigkeit. Er hatte keinen Beruf als Akademiker, sondern war zeitweise politisch für Preußen tätig, war allerdings Mitglied der Berliner Akademie der Wissenschaften. Überragende Bedeutung für die Entwicklung der Wissenschaften kam ihm durch die Gründung der Universität Berlin zu. Zusammen mit Friedrich Schleiermacher (1768–1834) hat er ihr ein geistiges Gepräge gegeben, das sie für ein Jahrhundert zum Muster für Universitäten in der ganzen Welt gemacht hat.[2]

Eine Begründungsfunktion hat ihm auch der führende deutsche Vertreter der Geschichtstheorie im 19. Jahrhundert, Johann Gustav Droysen, zugeschrieben. In seiner »Privatvorrede« zum zweiten Band seiner Geschichte des Hellenismus (1843) hat Droysen den lebhaften Wunsch nach einem »Kant« ausgesprochen, »der nicht die historischen Stoffe, sondern das theoretische und praktische Verhalten zu und in der Geschichte kritisch durchmusterte, etwa in einem Analogon des Sittengesetzes, einem kategorischen Imperativ der Geschichte den lebendigen Quell nachwiese, dem das geschichtliche Leben der Menschheit entströmt.«[3] In seiner Historik nannte er Humboldt dann nicht mehr den Kant der Geschichtswissenschaft, sondern qualifizierte ihn als »Bacon für die Geschichtswissenschaften«,[4] also als einen Denker, der die intellektuelle Einstellung und die gedanklichen Prozeduren dargelegt hat, die modernes geschichtliches Denken ausmachen.

In der Tat gehörte Humboldt zu den Intellektuellen, die Grundlegendes über das historische Denken im Schritt zu seiner Modernität geäußert hat. Im Unterschied zu seinen ausführlichen Schriften zur Sprachphilosophie hat er seine Gedanken zur Eigenart und Funktion des historischen Denkens nur in vergleichsweise wenigen kurzen und zumeist auch fragmentarischen Essays dargelegt.

Ich zähle die wichtigsten auf:

Theorie der Bildung des Menschen (ca. 1793)[5], Plan einer vergleichenden Anthropologie (etwa 1795),[6] Über den Geist der Menschheit (1797)[7], Betrachtungen über die Weltgeschichte ( 1797 oder 1812/14)[8], Betrachtungen über die bewegenden Ursachen in der Weltgeschichte (1818)[9], Über die Aufgabe des Geschichtsschreibers (1821)[10].

Diese Texte gehören in den Umkreis der frühen (vorhegelschen) Geschichtsphilosophie, wie sie von Kant, Herder oder Schiller, Iselin und den Universalgeschichten der Göttinger Gelehrten (z.B. von Schlözer und Gatterer) vorgelegt wurden. In dieser Geschichtsphilosophie ging es darum, das (vor allem durch Reiseberichte) ständig wachsende Wissen um die Vielfalt der menschlichen Kulturen in Raum und Zeit geistig zu ordnen. Sie sollte also (in den Worten von Schlözer) vom Aggregat von einzelnen Wissensbeständen zum System des historischen Wissens im Ganzen fortzuschreiten.[11] Die Geschichtsphilosophie entwarf eine Vorstellung von Zeitverlauf der Universalgeschichte, in die das vorhandene Wissen um die menschliche Vergangenheit eingeordnet werden konnte. Auch Humboldt entwickelte ein Konzept von Universalgeschichte. Aber es ging ihm nicht primär darum, einen umfassenden Zeitverlauf vergangener Geschehnisse als in sich sinnvoll zusammenhängende eine (»die«) Geschichte zu skizzieren. Stattdessen ging er der Frage nach, was überhaupt die menschliche Welt sich in ihrer zeitlichen Dimension zu verstehbaren Lebensgestaltungen formen lässt.

Ausgangspunkt dieser Überlegungen zur Geschichte ist Humboldts Diagnose seiner eigenen Zeit, der Epoche der französischen Revolution und ihrer Auswirkung auf das Geschehen in Europa. Diese Diagnose stellt negativ fest, dass die bisherigen kulturellen Orientierungssysteme ihrer Geltung verloren haben und eine neue Orientierung einen neuen Ausgangspunkt nehmen muss, der nur noch im Inneren des Menschen selber liegen kann. Damit wird der epochale Schritt der menschlichen Kultur zur Moderne angesprochen: Traditionale Deutungsmuster verlieren ihre Kraft, und die Deutungselite nimmt die Gelegenheit wahr, selbstbestimmt neue Deutungsmuster zu entwickeln.

»Solange noch in den äusseren Verhältnissen der Menschheit Vieles fest und unerschüttert steht, braucht alles nur damit verglichen zu werden, ist unmittelbar nur die Frage nothwendig: ob diesen Grundsäulen menschlicher Wohlfahrt Gefahr droht? Wenn aber alles ausser uns wankt, so ist allein noch in unserm Innern eine sichere Zuflucht offen, und seitdem in einem der bedeutendsten und cultivirtesten Theile der Erde eine wirkliche Umkehrung aller Verhältnisse stattgefunden hat, ist es immer zweifelhaft, wieviel sich in den übrigen davon erhalten wird? zumal, da jene Umkehrung in einem philosophischen Zeitalter als das einzig-Rechtmässige, als etwas absolut- und moralisch Nothwendiges vorgestellt wird. [...] Der Mensch muss daher Etwas aufsuchen, dem er, als einem letzten Ziele, alles unterordnen, und nach dem er, als nach einem absoluten Maaßstab, alles beurtheilen kann. Dies kann er nicht anders, als in sich selbst finden, da in dem Inbegriff aller Wesen sich nur auf ihn allein alles bezieht [...]. Die Würde des Menschen ist es also, die er aufzusuchen, und die Frage, die er zu beantworten hat, ist die: was ist dasjenige, wonach, als nach einem allgemeinen Maaßstabe der Werth der Dinge für den Menschen, und der Werth der Menschen gegen einander bestimmt werden kann? wie ist es zu erkennen, wo es vorhanden ist? wie hervorzubringen, wo es noch zu fehlen scheint?«[12]

Diese Formulierung zeigt die Schlüsselfunktion an, die der Subjektivität des Menschen in seiner kulturellen Orientierung zugekommen ist. Sie bestimmt seine Lebensformen in der Moderne. In späteren Deutungen der Moderne tritt diese modernisierende Subjektivität als Quelle der instrumentellen Rationalität auf, die sich die Welt unterwirft und ihren Herrschaftsinteressen bedingungslos verfügbar macht. Humboldt und seine Zeitgenossen (der deutschen Klassik) haben diese Subjektivität ganz anders beschrieben und zur Geltung gebracht gebracht: als Qualität der Menschlichkeit des Menschen. Humboldt nennt diese Qualität »Geist« und beschreibt die Kräfte seiner Weltgestaltung als »Ideen«. Unter Geist versteht er eine Bewusstseinsleistung, die intellektuell ausgerichtet ist und die menschliche Intentionalität mit einer kulturschöpferischen Kraft versieht, mit der der Mensch seine Welt als seine, als menschliche Form hervorbringt.

»Es war nicht leicht, einen Ausdruck zu finden, welche das Wesen der Menschheit auf eine zugleich allgemeinen, und doch eigentümlicher Weise, als Wesen und Kraft selbst, bezeichnete. Wenn er passend sein sollte, so musste er zugleich auf ihre sinnliche und unsinnliche Natur bezogen werden können, und noch außerdem, dass er das darin eigentümlich Herrschende sei, anzeigen. In beiden Rücksichten schien Geist unter allen Wörtern, deren man sich hätte bedienen können, das Schicklichste [...]«[13]

Geschichte ist dann die umfassende innere und äußere Zeitperspektive dieser geistigen Formung der kulturellen Welt.[14] In allen ihren Ausprägungen liegt der Wille des Menschen zu sich selbst zu Grunde. Diese Bestimmtheit der menschlichen Lebenspraxis gibt deren Zeitdimension eine durchgängige Entwicklungslinie. Man könnte sie die Suche des Menschen nach sich selbst nennen. Bestimmt wird diese geistige Ausrichtung durch Ideen als oberste Gesichtspunkte der menschlichen Kulturschöpfung. Der rote Faden, der die Ereignisse der Vergangenheit zu einem durchgängigen Geschehen zusammenbindet, das in die Gegenwart mündet und deren Zukunftsperspektive eröffnet, ist die zeitliche Erstreckung der für die menschliche Kultur maßgeblichen Sinnkriterien.

Heute würde man statt von Ideen von Sinnkriterien sprechen, nur sind Sinnkriterien im heutigen Verstande Konstruktionsprinzipien des menschlichen Geistes im Umgang mit der Erfahrung von Kultur. Dagegen sind Ideen für Humboldt geistige Wesenheiten sind, die als solche erfahren werden können. (Die Kunst ist eine der wichtigsten Medien dieser Erfahrung.) Diese Ideen streben danach, sich über das Tun des Menschen zu verwirklichen. Der Prozess dieser Verwirklichung ist die Geschichte.

»Das Geschäft des Geschichtschreibers in seiner letzten, aber einfachsten Auflösung ist Darstellung des Strebens einer Idee, Dasein in der Wirklichkeit zu gewinnen.«[15]

Humboldt versteht Geschichte als Universalgeschichte. Ihm geht es in seinen Überlegungen über Geschichte um das Menschsein des Menschen. Die höchste Idee in der geschichtlichen Bewegung der menschlichen Kultur ist die Idee des Menschseins, der Humanität.

»Die letzte Aufgabe unsres Daseins: dem Begriff der Menschheit in unserer Person, sowohl während der Zeit unseres Lebens, als auch noch über dasselbe hinaus, durch die Spuren des lebendigen Wirkens, die wir zurücklassen, einen so großen Inhalt, als möglich, zu verschaffen, diese Aufgabe löst sich allein durch die Verknüpfung unseres Ichs mit der Welt zu der allgemeinsten, regesten und freiesten Wechselwirkung. Dies allein ist nun auch der eigentliche Maßstab zur Beurteilung der Bearbeitung jedes Zweiges menschlicher Erkenntnis.«[16]

Im historischen Denken versichert sich der Mensch dieser seiner Humanität. Insofern ist Geschichte Medium humanitärer Identitätsbildung.

Humboldts Bildungskonzept ist essenziell historisch. Über Geschichte erfährt der Mensch die Bewegtheit der zeitlichen Veränderung seiner Welt nach Maßgabe seiner Menschlichkeit, und mit und in dieser Erfahrung konstituiert sich seine Individualität. Menschsein im Sinne der Humanität ist für Humboldt ein Prozess der Individualisierung. In ihm formt sich die menschliche Subjektivität als einzigartige Ausprägung der Gattungsnatur des Menschen zu einer unverwechselbaren, je besonderen Lebensform. Diese repräsentiert sich im einzelnen Individuen unter je besonderen Lebensbedingungen.

Maßgebend für diese Individualisierung ist für Humboldt die Sprache. Sie bildet die kulturelle Grundlage jeder Lebensform. Die Vielfalt unterschiedlicher Lebensformen findet durch sie und in ihr eine geistige Verbindung, die die verschiedene Individualität kommunikativ miteinander verbindet. Über den Wechsel der Zeiten hinweg stellt sich also Menschheit als kommunikative Verbindung individueller Lebensgestaltungen dar. Die Idee der Humanität präsentiert sich in der Vielfalt dieser Individualitäten.

Die historische Erkenntnis erschließt diese Vielfalt hermeneutisch. Humboldts Geschichtstheorie gehört neben derjenigen von Herder zur formativen Grundlegung der Kulturwissenschaften. Es sind die gleichen geistigen Kräfte, die die Geschichte und deren Erkenntnis bewegen. Hermeneutik beruht also auf einer inneren geistigen Verbindung zwischen der zu begreifenden Vergangenheit und der begreifenden Gegenwart: »Jedes begreifen einer Sache setzt, als Bedingung seiner Möglichkeit, in dem Begreifenden schon ein Analogon des nachher wirklich Begriffenen voraus, eine vorgängige, ursprüngliche Übereinstimmung zwischen dem Subjekt und Objekt.«

Diese hermeneutische Grundlage findet dann in der Formierung der geisteswissenschaftlichen Disziplinen eine Ausprägung zur Methode der Forschung. Diese Ausprägung findet zeitgleich, aber in unterschiedlichen Prozessen statt. Die Disziplinierung des historischen Denkens zum Fach Geschichte an den Hochschulen (und mit ihrer Folgewirkungen auf den Geschichtsunterricht) wurde paradigmatisch an der Universität Göttingen vollzogen (und dort auch reflektiert).[17] Humboldts Geschichtstheorie verhält sich zu diesen eher fachimmanenten Reflexionen philosophisch. In ihr geht es um das Grundsätzliche dieses neuen modernen Denkens. Modern ist an ihm weniger die hermeneutische Ausrichtung; schließlich ging es in der Historiographie seit ihrer Entstehung bei den Griechen immer darum, zu verstehen, was geschehen ist. Allerdings richteten sich diese Verstehensbemühungen auf die Handlungen der Akteure des beschriebenen Geschehens. Im Schritt der Hermeneutik zu ihrer modernen Form legte sie die Ebene des Geschehens in die Tiefe der ideellen Beweggründe des menschlichen Handelns, die seinen Ausprägungen als geistige Kräfte zugrunde liegen und das Geschehen in eine neue zeitliche Dynamik überführen. Jetzt kam es nicht mehr darauf an, exemplarisch aus den Handlungen der Akteure und ihren Folgen allgemeine Regeln menschlichen Verhaltens abzuleiten. Die geistige Bedeutung der Geschehnisse wanderte in ihrem zeitlichen Vollzug hinein. Aus exemplarischer Sinnbildung wird eine genetische Zeitrichtung (auf Humanität). Ihr Ziel ist nicht als bloße Vollendung von Humboldt gedacht, sondern als Individualisierung von Lebensformen und deren inneren Zusammenhang als übergreifendes Geschehen der Humanisierung des Menschen. Dieses Geschehen historisch zu denken, motiviert zur je eigenen Humanisierung derjenigen, die die historische Erfahrung geschehener Humanisierung verarbeiten.

»Die letzte Aufgabe unsres Daseyns: dem Begriff der Menschheit in unsrer Person, sowohl während der Zeit unsres Lebens, als auch noch über dasselbe hinaus, durch die Spuren des lebendigen Wirkens, die wir zurücklassen, einen so grossen Inhalt, als möglich, zu verschaffen, diese Aufgabe löst sich allein durch die Verknüpfung unsres Ichs mit der Welt zu der allgemeinsten, regesten und freiesten Wechselwirkung. Dies allein ist nun auch der eigentliche Massstab zur Beurtheilung der Bearbeitung jedes Zweiges menschlicher Erkenntniss.«[18]

Prozess und Ergebnis dieser Verarbeitung heißt dann »Bildung«. In ihr gewinnt das menschliche Subjekt eine innere Teilnahme am Humanisierungsgeschehen der Vergangenheit und setzt es unter den spezifischen Bedingungen seiner Zeit in einer eigenen Form eben, eben individuell, fort.

Humboldts Bildungskonzept ist anti-utilitaristisch. Es ist an der Entwicklung der Persönlichkeit ausgerichtet und – was seine Inhalte betrifft – universalistisch bestimmt. D. h. nicht, dass es keine Sachbezüge hätte, also die Fachlichkeit der Erkenntnis unterliefe. Nur sollten die Sachverhalte reflexiv auf ihren Stellenwert im Gefüge der kulturellen Orientierung hin geformt und angeeignet werden. Es geht also nicht primär um ihren gesellschaftlichen Nutzen, sondern um ihre sinnbildende Funktion. *Bildung* ist nicht praktische Brauchbarkeit, sondern umfassende und subjektzentrierte Sinnkompetenz.

Entsprechend ist die Humboldt'sche Bildungspolitik angelegt. Der durchschlagende Erfolg seiner Universitätsgründung besteht darin, dass die einzelnen Wissenschaften auf ihren Beitrag zur kulturellen Sinnbildung hin ausgerichtet, also philosophisch dimensioniert werden. Es soll eben nicht einfach Wissen intergenerationell transportiert werden, sondern in einer grundsätzlichen Verbindung von Lehre und Forschung soll eine Innovationskompetenz bei den Studierenden erzeugt werden. Die »Eigentümlichkeit der höheren wissenschaftlichen Anstalten« soll darin bestehen, »dass sie die Wissenschaft immer als ein noch nicht ganz aufgelöstes Problem behandeln und daher immer im Forschen bleiben [...].«[19]

Dieses Bildungsideal steht in einer inneren Spannung zur Spezialisierung der Fächer im Zuge ihres durch Forschung verstetigten Erkenntnisfortschritts. Bis heute sind viele Universitäten dem Humboldt'schen Bildungsideal verpflichtet und bemühen sich darum, den Studierenden mehr als nur Fachkompetenz zu vermitteln, sondern zugleich den Blick aufs Grundsätzliche und Ganze der gelehrten Erkenntnis und ihres forschenden Gewinns zu schulen.[20] Gebildete Persönlichkeiten sind Zielbestimmung der universitären Lehre (und werden polemisch gegen ein bloßes Fachstudium ausgespielt).[21]

Wie lässt sich das Geschichtsdenken Humboldts historisch einordnen und verstehen? Wie schon gesagt, gehört es in die Formationsphase der Modernisierung, in der sich die Logik der historischen Sinnbildung vom Exemplarischen zum Genetischen verändert. Das Hauptaugenmerk des historischen Interesses wendet sich also einer inneren Sinnbestimmtheit der Vorgänge in der Vergangenheit als Bedingung der Möglichkeit zu, ihnen eine Bedeutung für die Gegenwart zuzuweisen. Ihr ›innerer‹ Sinn liegt in den geistigen Beweggründen der menschlichen Lebenspraxis. Die »bewegenden Ursachen in der Weltgeschichte« sind die Ideen, die im Medium menschlicher Aktivitäten zur Realisierung drängen. Diese Ideen konstituieren das Menschsein des Menschen. Es besteht darin, die Lebensumstände durch kulturelle Sinnschöpfungen lebbar zu machen.

Humanität ist Inbegriff dieser Lebbarkeit. Sie gilt es, in den Vorgängen der Vergangenheit auszumachen und als ideelle Impulse in der Gegenwart zur Geltung zu bringen. Historisches Denken nimmt diese Humanität verstehend wahr und legt sie im Blick auf gegenwärtige Orientierungsprobleme im Zeitverlauf hermeneutisch aus. Dieses Verstehen beruht auf einem inneren Zusammenhang des menschlichen Geschehens in der Vergangenheit mit der Gegenwart: Das historische Denken wird über seine Erkenntnisinteressen von den gleichen Ideen bewegt wie die historisch ins Auge gefassten Vorgänge der Vergangenheit. »Jedes Begreifen setzt, als Bedingung seiner Möglichkeit, in dem Begreifenden schon an Analogon des nachher wirklich Begriffenen voraus, eine vorhergängige, ursprüngliche Übereinstimmung zwischen dem Subjekt und Objekt.«[22]

Dieses historische Denken ist also idealistisch verfasst und hermeneutisch ausgerichtet. Geschichte wird zum Inbegriff des Menschseins. Ihr durchgehender und integrierender Zeitverlauf ist universell angelegt, d. h. menschheitlich verfasst.

Diese menschheitliche Verfassung der Geschichte sollte nicht aus den Augen verloren werden, wenn die für die Geschichtswissenschaft des 19. Jahrhunderts und darüber hinaus wesentliche nationale Ausprägung als dominante Zeitperspektive in den Blick gerät. Der Nationalismus der Historiographie des 19. Jahrhunderts und später hat sich ursprünglich als Konkretisierung von Menschlichkeitskriterien gebildet und diesen Humanismus – die französische Revolution hat ihn mit dem Schlagwort »Fraternité« angesprochen – dann schrittweise als Abgrenzungskriterium von Zugehörigkeit verwendet. Im deutsch-französischen Verhältnis zum Beispiel standen sich demgemäß zwei verschiedene Menschheitskonzeptionen in nationaler Ausprägung gegenüber. (Erst im europäischen Einigungsprozess nach den Weltkriegen, in denen sich der exkludierende Nationalismus aggressiv-blutig ausgetragen hatte, wendete sich allmählich diese Exklusion in eine Inklusion um. Zugleich damit entwickelte sich eine neue Form nationaler Zugehörigkeit, die die aggressionsgeladene Abgrenzung in ein kommunikatives Verhältnis wechselseitiger Anerkennung transformiert.

Humboldts Idee von Humanität kann und sollte als Vorwegnahme, als Versprechen einer solchen Inklusion verstanden werden. Nation war für ihn eine konkretisierende Ausprägung menschlicher Zugehörigkeit, definiert durch kulturelle Gemeinsamkeiten der Mitglieder und Unterschiede zu anderen Zugehörigkeiten, die dann als äußerlich angesehen wurden. Ihre jeweilige Ausprägung in unterschiedliche Lebensformen wurde als *Individualität* einer kulturellen Lebensform angesehen. In ihr manifestierte sich über alle Gegensätze hinaus eine differenzübergreifende Menschlichkeit der Lebenspraxis. Diese Menschlichkeit ist das Produkt einer tiefgreifenden Subjektivierung des frühen kulturwissenschaftlichen Denkens. Vom gleichen Geiste beseelt wie die zeitlichen Veränderungen in der Vergangenheit entspringt der humanistische Blick der Gegenwart auf die Vergangenheit der Innerlichkeit einer Bewusstseinshaltung (der gebildeten Elite), die in sich selbst den kulturschöpferischen Geist ausmachen und zur Geltung bringen kann, den sie als Sinnhaftigkeit des Geschehens in der menschlichen Welt hermeneutisch ermittelt.

Hier trägt sich ein religiöses Erbe im säkularen Gefüge der entstehenden Kulturwissenschaften aus. Ohne die Errungenschaft einer Sakralität der Person[23] durch die entschiedene Subjektivierung des religiösen Glaubens (vor allem im Protestantismus) ist diese Grundlage des modernen historischen Denkens nicht zu verstehen, die Wilhelm von Humboldt repräsentiert.

Es fragt sich, ob diese Subjektivität des historischen Denkens nicht verloren gegangen ist. Sozial an eine kleine Bildungsschicht gebunden, ist das historische Denken längst in soziale Kontexte geraten, in denen die von Humboldt und seinen Zeitgenossen emphatisch vertretene »Würde« des Menschen als Bedingung der Möglichkeit eines humanen Zugangs zur historischen Erfahrung nicht mehr als grundlegend angesprochen wird. Subjektivität als ursprüngliches und nicht hintergehbares Selbstverhältnis des Menschen wird in eine kontingente Bündelung sozialer Verhältnisse zurückgenommen, und Humanität als fundamentale Kategorie kulturwissenschaftlicher Erkenntnis wird ›post-human‹ aufgegeben. Ein Denken wie das Humboldt'sche erscheint demgegenüber als grundsätzlich unrealistisch. In der Tat fehlt ihm der nüchterne Blick auf die Inhumanität des Menschen im Verhältnis zu anderen Menschen und auf das ausbeuterische Verhältnis des Menschen zur Natur, die beide den Modernisierungsprozess bis heute bestimmt haben. Aber die Kritik an dieser problematischen Modernisierungserfahrung kann an dem Gegenbild der entstehenden Modernität, wie es Wilhelm von Humboldt vermittelt hat, anknüpfen. Dann erschließt sich mit dieser Art des Denkens ein utopisches Potenzial in der Moderne, an das mit der Arbeit daran angeknüpft werden kann, die heutige Krise des Menschseins und sein katastrophisches Naturverhältnis zu überwinden.

# PRAKTISCHE VERNUNFT IM UMGANG MIT GESCHICHTE: JOHANN GUSTAV DROYSEN

Johann Gustav Droysen (1808–1884) ist einer der wichtigsten deutschen Historiker, der die Grundlagen der Geschichtswissenschaft systematisch reflektierte. Seine ›Historik‹ ist zu einem klassischen Text im deutschen [und kontinentalen] Diskurs über Geschichtstheorie geworden. »Klassisch« bedeutet, dass er nicht nur die Zeit seines Ursprungs repräsentiert, sondern dass seine Relevanz über seine Zeitgenossenschaft hinausgegangen ist. Bis heute spielt er eine Rolle als Paradigma für die Darstellung der Geschichtstheorie als besonderer Zweig der Geschichtswissenschaft.

Als Student in Berlin wurde Droysen stark von seinen Lehrern August Wilhelm Boeck (1785–1867) und Georg Friedrich Wilhelm Hegel (1770–1831) beeinflusst. Boeckh vertrat die klassische Philologie als eine Disziplin, die nicht nur Texte, sondern auch deren historische Kontexte behandelt. Auf diese Weise historisierte er die Philologie. Seine Vorlesungen über »Enzyklopädie und Methodenlehre der philologischen Wissenschaften«[1] veranlassten Droysen, später eine ähnliche Analyse der Geschichtswissenschaft zu erstellen. Boeckh konzipierte seine Metatheorie der Philologie als eine Theorie der Hermeneutik. Hermeneutik ist ein System methodischer Regeln, mit denen Texte in ihrem historischen Kontext verstanden werden können. Droysen fügte dieser Methodenreflexion Hegels Geschichtsphilosophie hinzu. Sie vervollständigt die Methode durch eine Vorstellung von der zeitlichen Einheit der Ereignisse in der Vergangenheit der menschlichen Welt, die »Geschichte« genannt wird. Boeckh hatte Droysens Methodik der Geschichte als akademische Disziplin angeregt, und Hegel inspirierte Droysens Konzept der Geschichte als eine umfassende Einheit der Menschheit in einer zeitlichen Perspektive, in der die Veränderungen im und durch das menschliche Leben als grundlegende Entwicklung der Freiheit angesehen wurden.

Droysen begann seine akademische Karriere und seine Veröffentlichungen im Bereich der Antike. Er übersetzte die antiken griechischen Dichter Aischylos und Aristophanes. In seinen Kommentaren zu ihren Dramen stellte er sie in ihren historischen Kontext und interpretierte sie unter Verwendung von Hegelschen Deutungsmustern der Antike. Inspiriert von Hegel suchte Droysen nach einer historischen Verbindung der griechischen und römischen Kultur mit dem Christentum. Dabei entdeckte er den »Hellenismus« als eine wichtige Periode in der Entwicklung der westlichen Kultur, die im damaligen Standardverständnis der Antike in der westlichen Zivilisation noch nicht entwickelt worden war. Seine Vorstellung vom Hellenismus als Epoche der frühen Geschichte des Westens ist ein Produkt der Anwendung der Geschichtsphilosophie auf die Erfahrung der Vergangenheit. Als Synthese aus theoretischer Konzeptualisierung und empirischer Darstellung stellt Droysens Idee des Hellenismus ein gutes Beispiel dafür dar, dass und wie theoretische Konzepte im historischen Denken wirken können, wenn sie auf empirische Befunde bezogen und zu deren Interpretation verwendet werden.

Es gibt ein drittes bemerkenswertes Element im historischen Denken Droysens (neben der Verwendung philosophischer Konzepte und seiner empirischen Bezugnahme auf die Quellen in der Forschung): sein politisches Engagement. Droysen war einer der prominentesten Vertreter der preußischen Schule der Geschichtswissenschaft in Deutschland. Die Geschichtswissenschaft spielte im 19. Jahrhundert (nicht nur in Deutschland) eine wichtige Rolle bei der Darstellung der nationalen Einheit als Leitidee der historischen Identität. Die Absicht auf nationale Einheit war eine starke politische Motivation in der historischen Kultur in Deutschland, und die preußische Schule schrieb Preußen eine führende Rolle in der Politik der Schaffung eines neuen deutschen Nationalstaates zu.

Das vierte Element in Droysens Denken, das benannt werden sollte, weil ohne es sein historisches Denken nicht verstanden werden kann, ist sein religiöser Glaube als protestantischer Christ: »Unser Glaube gibt uns Trost, dass eine Hand Gottes uns trägt, dass sie das Schicksal leitet, groß und klein. Und die Wissenschaft der Geschichte hat keine höhere Aufgabe, als diesen Glauben zu rechtfertigen; deshalb ist es Wissenschaft.«[2]

Mit seiner nationalen Parteilichkeit polemisierte Droysen gegen den Anspruch dieser Disziplin auf »Objektivität«. Für ihn sind Ranke und seine Schule sehr einflussreiche Vertreter für dieses Verständnis der wissenschaftlichen Form des historischen Denkens. Droysen negierte diese Objektivität. Er nannte sie »eunuchisch«[3] und bezog sich erkenntnistheoretisch auf die Standpunktabhängigkeit und Perspektivik des historischen

Denkens. Es ist der Standpunkt im Kampf um die Macht im politischen Leben, bewegt von »Macht« als treibende Kraft politischer Aktivität. Daher ist die historische Perspektive, die diesem Standpunkt folgt, wirklich politisch, und im Zentrum des historischen Denkens steht der Staat als politische Formation des menschlichen Lebens. Droysen hat aber die nichtpolitischen Faktoren des menschlichen Lebens nicht vernachlässigt. Im Gegenteil: Er integrierte die politische Aktivität des Menschen in einen Rahmen kultureller und wirtschaftlicher Bedingungen.

Droysens Vorstellung von der Parteilichkeit des historischen Denkens könnte als Vorläufer eines postmodernen Relativismus verstanden werden. Das ist aber wäre ein Missverständnis. Droysen erkannte die Stärke der Macht als bewegende Kraft im menschlichen Leben, aber für ihn war Macht nicht blind und nur an ihrem eigenen Wachstum interessiert. Stattdessen implizierte für ihn der Einsatz von Macht immer eine kulturelle Intentionalität. Macht hat ein Auge. Ihre Verwendung richtet sich nach Ideen, die maßgebende ist die Idee der Freiheit. Freiheit heißt, dass die Menschen gemäß ihrem eigenen Willen leben können. Diese Idee führt zur Gründung von Staaten als soziale Organisationen und zur Rechtsstaatlichkeit innerhalb dieser Organisationen.

Droysens politische Einstellung war »Juste Mileu« (Mitte rechts), ein Liberalismus, der in und durch einen »Machtstaat« eingeschränkt wurde. Er glaubte nicht, dass die Rechtsstaatlichkeit die politische Macht dominieren könne. Stattdessen sprach er jeder zivilisierten Form des politischen Lebens ein nicht zivilisiertes und zu zivilisierendes Machtelement zu. Für ihn lebt jede Form der politischen Herrschaft und ihrer legitimierenden Gesetzlichkeit im Schatten destruktiver Macht. »Destruktiv« bedeutet, dass der menschliche Geist immer die jeweils historisch realisierte Lebensform überschreitet. Er zielt darauf ab, sie hinsichtlich seiner zivilisatorischen Errungenschaften zu übertreffen.

In Bezug auf die Objektivitätsfrage ist anzumerken, dass Droysen bei aller Kritik am Rankeschen Objektivitätsideal nichtsdestoweniger den Ergebnissen der historischen Forschung Objektivität zuschrieb, allerdings nur in begrenztem Umfang. In einer erkenntnistheoretischen Perspektive machte Droysen auf einen grundlegenden Unterschied in den Plausibilitätsansprüchen des historischen Denkens aufmerksam: Er unterschied zwischen Richtigkeit und Wahrheit. »Richtig« sind die Ergebnisse der Quellenkritik, die aus dem Zeugnis der Überreste ein solides Wissen darüber hervorbringt, was, wann, wo und warum in der Vergangenheit etwas passiert ist. Anstelle von »richtig« können wir sogar »objektiv« sagen. »Wahr« ist demgegenüber die Interpretation der zeitlichen Kette dieser

Ereignisse in der Vergangenheit, wenn sie in ein sinnvolles (also auch die Gegenwart umgreifendes) Konzept des zeitlichen Nacheinanders (»Zeitverlaufsvorstellung«) integriert wird. Dieses Konzept ist plausibel, wenn es in der Lage ist, dem aktuellen menschlichen Leben Orientierung zu bieten. »In dem historischen Denken ist das Wesentliche nicht bloß, dass man die ihm vorliegenden Objekte kritisch reinigt und interpretierend versteht, sondern dass man das so Verstandene, d. h. die bestimmende Kraft, den Willen, den Geist, die Idee sich vergegenwärtigt und durchdringt, dass man aus den Richtigkeiten zur Wahrheit gelange.«[4]

Beide Plausibilitäten sind Ergebnisse des Vernunftgebrauchs: theoretische Vernunft durch methodische Forschung und praktische Vernunft durch Präsentieren einer Vorstellung vom Zeitverlauf, die den jeweils gegenwärtigen zeitlichen Wandel verständlich und behandelbar macht. Für Droysen ist nur die zweite Art, über die Vergangenheit nachzudenken, wirklich historisch. Somit sind die durch Quellenkritik herausgefundenen Tatsachen noch nicht spezifisch historisch; sie erhalten diese Qualifikation erst in einem zeitlichen Zusammenhang mit anderen Tatsachen in narrativer Form. Es ist dieser Zusammenhang, der die Vergangenheit historisch macht. Was in der Vergangenheit passiert ist, ist als solches noch nicht Geschichte. Nur in ihrem sinnvollen Verhältnis zur Gegenwart und ihrer Zukunftsperspektive wird die Vergangenheit Geschichte. In dieser Beziehung werden die Ereignisse der Vergangenheit Geschichte für die Gegenwart. »Aus Geschehen wird Geschichte, aber sie sind nicht Geschichte«[5] (Ausgefeilter könnte man sagen: Ereignisse der Vergangenheit werden Geschichte für die Gegenwart).

Ausgangspunkt der Geschichte ist daher das Bewusstsein der Menschen, dass ihre Lebensbedingungen das Ergebnis von Vorgängen sind, die in der Vergangenheit passiert sind und in der Gegenwart als einer Reihe von Bedingungen für das menschliche Leben endeten. Diese Bedingungen greifen tief in die Köpfe der Menschen ein. Sie motivieren dazu, sich kritisch auf sie zu beziehen und das Handeln so auszurichten, dass sie gemäß bisher unerfüllter Absichten und Wünsche geändert werden.

Das historische Denken macht die zeitliche Dimension des menschlichen Lebens sichtbar: Es bringt die vorgegebenen Umstände menschlicher Aktivitäten in eine Entwicklungsbewegung. So nehmen sie »Leben« und Energie an, wenn sie die Menschen, die von ihnen konditioniert sind und darunter leiden, dazu bringen, sich voller Veränderungsabsichten auf sie zu beziehen: So werden die Sinnkriterien und die Intentionalität menschlichen Handelns, die in ihnen verkörpert sind, aufrechterhalten und verarbeitet. Auf diese Weise wird das menschliche Leben von jenen

Ideen inspiriert, die die Menschen der Vergangenheit bereits bewegt haben. Ihre Kontinuität wird durch die Intentionalität der in der Gegenwart lebenden Menschen bewahrt. Diese generationsübergreifende Subjektivität oder (zeitliche) Intersubjektivität menschlichen Handelns und Leidens ist die Grundlage des historischen Denkens, seines Ursprungs in der Lebenswelt der Historiker und ihrer Kultur.

Für Droysen ist Geschichtswissenschaft nichts anderes als eine ausgearbeitete Form dieser zeitlichen Intersubjektivität. In seiner »Historik« will er diese Idee klarstellen. In zahlreichen Bemerkungen und kurzen Absätzen in seiner frühen Geschichtsschreibung führte er bereits sein Verständnis dieser bedeutungsvollen (motivierenden) Beziehung zwischen Vergangenheit und Gegenwart aus. Diese Beziehung eröffnet eine Zukunftsperspektive und wird von mentalen Kräften bewegt, die als Ideen in der zeitlichen Intersubjektivität des Menschen angesprochen werden.

Nach dem Scheitern der deutschen Revolution von 1848, an der sich Droysen aktiv beteiligt hatte, nahm er einen Ruf an die Universität Jena an. Hier begann er 1857 seine Vorlesungen über »Encyclopaediam et methodologiam historiarum«. 1859 wurde er an die Berliner Universität berufen, wo er diese Vorlesungen unter verschiedenen Titeln wie »Historische Methodologie und Enzyklopädie« oder »Methodologie und Enzyklopädie der historischen Wissenschaften« regelmäßig fortsetzte.[6]

Obwohl er bei seinen Schülern sehr beliebt war, wurde zu Lebzeiten nur ein sehr kurzer Text veröffentlicht, der sein Konzept der ›Historik‹ darstellt: »Grundriss der Historik«.[7] Dieses kurze Layout stellt eine stark komprimierte Version von etwa 60 Seiten seiner Idee zur Geschichtstheorie dar, die Droysen als »Schema« bezeichnete. Auch in dieser eher kurzen Version war die ›Historik‹ sehr erfolgreich. Es gab drei Auflagen und Übersetzungen ins Englische,[8] Französische,[9] Italienische[10], und Japanische.[11] Die »Methodik«, die das methodische Verfahren der historischen Forschung in einem dreifachen Schritt von Heuristik und Kritik zur Interpretation entwickelte, wurde paradigmatisch. Ernst Bernheim, z. B. stützte sich in seinem »Lehrbuch der historischen Methode«[12], einem Standardtext vom Ende des 19. Jahrhunderts, in dem die Errungenschaften der Geschichtswissenschaft als etablierte akademische Disziplin überblicksartig zusammengestellt wurden, auf dieses Schema der historischen Methode.[13]

Droysens wichtigstes historiographisches Werk war neben seiner Geschichte des Hellenismus seine »Geschichte der preußischen Politik«, die zwischen 1855 und 1884 in 14 Bänden veröffentlicht wurde. In dieser umfangreichen Präsentation legte er seine politische Einstellung dar, dass die Vereinigung der verschiedenen deutschen Staaten zu einem einzigen und mächtigen Nationalstaat von Anfang an bis zur Gegenwart Aufgabe und Ziel des preußischen Staates war. »Was diesen Staat gegründet hat, was ihn trägt und leitet, ist, wenn ich so sagen darf, eine geschichtliche Notwendigkeit.«[14] Diese Interpretation war eine Konstruktion im negativen Sinne des Wortes. Deutschland zu einem Nationalstaat zu vereinen, war vor dem 19. Jahrhundert nie die Absicht der preußischen Politik. Droysen folgte seiner grundlegenden politischen Absicht als Historiker, indem er die Vergangenheit nach diesem Ziel modellierte, so dass er sehr einseitig wurde und sich dem hermeneutischen Gebot entzog war, das Selbstverständnis der politischen Akteure, auf die er sich bezog, in seine historische Interpretation zu integrieren. Im kritischen Sinne des Wortes können wir dieses historische Denken »ideologisch« nennen.[15]

Neben dieser irreführenden Darstellung entwickelten Droysens frühere »Vorlesungen über das Zeitalter der Freiheitskriege«[16] eine viel differenziertere Perspektive. Im Mittelpunkt steht die Idee der Freiheit in der Politik und in der Kultur, die die neuzeitliche Entwicklung des Westens erfüllt. Droysen stellte die Politik in ein systemisches Verhältnis zu Wirtschaft und Kultur und verhinderte so eine einseitige politische Geschichte. Allerdings folgte er seinem politischen Hauptinteresse, indem er seine eigene Zeit und die Situation Deutschlands in einen allgemeinen Prozess der fortschreitenden Verwirklichung von Freiheit einbaute.

Droysens (zu Lebzeiten) erfolgreichstes historiographisches Werk war seine Biographie des Grafen York von Wartenburg.[17] Er porträtierte ihn als Beispiel für eine Politik Preußens, die auf einen Fortschritt in der staatlich organisierten bürgerlichen Freiheit ausgerichtet ist.

Droysen war zu seiner Zeit ein hochgeachteter Historiker, sowohl hinsichtlich seiner Arbeiten zur Antike wie auch zur neueren Geschichte. Als akademischer Lehrer war er bei seinen Studenten wegen seiner lebhaften Vorlesungstätigkeit sehr beliebt. Fachpolitisch hat er sich für eine Organisation des Studiums der Geschichte als Fachwissenschaft mit einer produktiven Ausrichtung auf politische Praxis eingesetzt.

Droysens Vorträge zur Geschichtstheorie fanden zu Lebzeiten nur begrenzte Akzeptanz und Teilnahme. Dies änderte sich dramatisch nach der Veröffentlichung seiner Vorlesungen durch Rudolf Hübner im Jahr 1937.[18] Seitdem war die »Historik« im deutschen akademischen Diskurs jahrzehntelang der Hauptbezug zu Überlegungen über die Grundlagen der Geschichtswissenschaft und ihre Sinnkriterien.

Hübners Publikation hatte acht Auflagen. 1977 erschien eine kritische Ausgabe von Peter Leyh, die von Horst-Walter Blanke weitergeführt und bis 2019 veröffentlicht wurde.[19] Leider wurde diese komplexe Version der

»Historik« nie ins Englische übersetzt (eine verkürzte Version auf Chinesisch wurde 2006 veröffentlicht).[20] Daher ist seine Wirkung auf den internationalen Diskurs begrenzt. Hayden Whites Rezension der Historik ist eine Ausnahme.[21]

Trotz dieser Einschränkung muss Droysens »Historik« als »Klassiker« betrachtet werden: »Klassisch«, weil die Relevanz dieser Arbeit über den Kontext ihrer Entstehung weit hinausgeht und bis heute anhält. Der Grund für diesen anhaltenden Effekt ist die systematische Verbindung aller Aspekte der Geschichtstheorie, die normalerweise in verschiedenen Diskursen behandelt wurden: Erkenntnistheorie des historischen Denkens, Philosophie der Geschichte, Methodik der historischen Forschung, Literaturkritik der Geschichtsschreibung, Theorie der historischen Kultur und Didaktik der Geschichte.

Hinsichtlich der *Erkenntnistheorie des historischen Denkens* machte Droysen eine klare Unterscheidung zwischen Geistes- und Naturwissenschaften. Er charakterisierte die Denkweise des ersteren als »Verstehen«, die der letzteren als »Erklären«. Diese Unterscheidung wurde von Dilthey und anderen aufgegriffen: Die Geisteswissenschaften produzieren Wissen über die menschliche Welt als Kultur durch hermeneutische Denkverfahren, während das Wissen über die natürliche Welt durch nomologische Denkverfahren erzeugt wird.[22]

Hinsichtlich der *Philosophie der Geschichte* sprach Droysen alle drei Modi dieser Philosophie an: den materiellen, den formalen und den funktionalen. Seine *materielle* Geschichtsphilosophie war idealistisch und stark von Hegel beeinflusst. Die umfassende zeitliche Einheit der Ereignisse der Vergangenheit, die Geschichte genannt wird, wird vom menschlichen Geist hervorgerufen. Menschen werden anthropologisch durch ihre Fähigkeit definiert, ihre eigene Welt aus und außerhalb der Natur als »Kultur« zu erschaffen. Diese Schöpfung hat eine spezifische zeitliche Struktur. Jedes ihrer Ergebnisse – eine Lebensform des Menschen – wird von seinen Schöpfern gelebt; aber indem sie sie leben, ändern sie es entsprechend ihrer Kritik an den Grenzen der Lebenschancen und gemäß ihren Bemühungen, diese Grenzen zu überwinden. Das Ergebnis dieser Veränderung ist eine neue Lebensform. Diese Form verändert sich in demselben Prozess des menschlichen Lebens wieder in eine andere neue Form. Diese ist eine Ergänzung zu der früheren, die eine neue kulturelle Lebensform ergibt. Diese neue Lebensform ist qualitativ höher zivilisiert als die erstere, da sie ihr neue Elemente und Dimensionen der Kultur hinzufügt. Droysen definierte diese besondere historische Form der Veränderung durch den aristotelischen Begriff »Epidosis eis hauto« (Ergänzung zu sich selbst).

[Unser Geist] »bemerkt, dass sich da in der Bewegung immer neue Formen gestalten, so neue so bedingende Formungen, dass das Stoffliche, an dem sie erscheinen, als ein sekundäres Moment erscheint, während jede neue Form eine individuell andere ist; und zwar so eine andere, dass jeder, der früheren sich einreihen, durch sie bedingt ist, aus ihr werdend sie ideell in sich aufnimmt, aus ihr geworden sie ideell in sich enthält und bewahrt. Es ist eine Kontinuität, in der jedes Frühere sich in dem Späteren fortsetzt, ergänzt, erweitert (Epidosis eis hauto), jedes Spätere sich als Ergebnis, Erfüllung, Steigerung des Früheren darstellt. Es ist nicht die Kontinuität eines in sich zurückkehrenden Kreises, einer sich wiederholenden Periode, sondern die einer unendlichen Reihe, und zwar so, dass in jedem Neuen schon ein weiteres Neues keimt und sich herausarbeiten wird. [...] In diesem rastlosen Nacheinander, in dieser sich in sich selbst steigenden Kontinuität gewinnt die allgemeine Vorstellung Zeit ihren diskreten Inhalt, der von uns mit dem Ausdruck Geschichte zusammengefasst wird.«[23]

Geschichte ist also die Veränderung durch diese Ergänzungen. Es handelt sich aber um mehr als nur um eine Veränderung, da jeder Schritt eine neue und höhere Qualität des kulturellen Wesens des menschlichen Lebens bewirkt. Die zeitliche Abfolge dieser Hinzufügungen wird als »Entwicklung« bezeichnet – eine dauerhafte Verbesserung der Aneignung der Natur in die menschliche Welt und ihrer Umwandlung in Kultur. Die treibende Kraft dieser Transformation ist der Wunsch der Menschen, ihr Leben nach der Idee zu leben, ihre nicht-natürliche Natur in kulturelle Formen der Selbstverwirklichung zu verwandeln. Droysen beschrieb diesen umfassenden zeitlichen Prozess der Erzeugung menschlicher Züge im kulturellen Leben in der Sprache der Religion: »Rückleitung der Schöpfung zu Gott«: [Im menschlichen Leben] »war eine Form vorhanden, dem Wechsel der Dinge und der Flucht der Gegenwarten ein Menschliches zu schaffen und festzuhalten, in Gottes Schöpfung hinein und aus ihr heraus eine andere Welt zu schaffen, was die alte Mystiker nennen die Rückleitung der Schöpfung zu Gott.«[24]

Hinsichtlich der *formalen Philosophie der Geschichte* betonte Droysen die hermeneutische Umgangsweise mit der Erfahrung der Vergangenheit. In Bezug auf den *funktionalen Aspekt* entwickelte er eine Theorie der »historischen Bildung«. Bildung ist ein Prozess, in dem sich eine Form der Subjektivität entwickelt, die den Menschen dazu befähigt, mit den Sinnkriterien des kulturellen Lebens kompetent umzugehen und diese zu leben. Das historische Denken erschließt diese Kriterien als bewegende Kräfte in der zeitlichen Erstreckung des menschlichen Lebens.

Hinsichtlich der *Methodik* der historischen Forschung präsentiert Droysens Historik ein umfassendes Konzept der methodischen Regeln, die beachtet werden müssen, um fundiertes Wissen darüber zu erlangen, was, wo, wann und warum etwas in der Vergangenheit passiert ist, und was es für die Gegenwart bedeutet. Im Rahmen dieser Regeln wird die Methode als eine Reihe von Verfahrensvorschriften erläutert, die umgesetzt werden müssen, wenn die Überreste der Vergangenheit als Informationsquellen behandelt werden. Droysens Historik erläuterte die historische Methode als systemisches Regelwerk und präsentierte sie als kohärente Denkstrategie. Zugleich führte er die einzelnen Faktoren aus, die diese Einheit der Methode ausmachen, nämlich *Heuristik, Kritik* und *Interpretation*. Ein Teil der Heuristik, nämlich ein systematischer Überblick über die Quellen und deren Kritik, sind allgemein anerkannte methodische Verfahren der historischen Forschung unter professionellen Historikern. Der andere Teil der Heuristik, nämlich das Verfahren zur Bildung vielversprechender Fragen und die Interpretation, der quellenkritisch erschlossenen Sachverhalte werden als Methodenelemente nicht allgemein akzeptiert. Heuristik hat eine doppelte Dimension: die Entwicklung einer historischen Frage und die Identifikation der Materialien, um eine empirisch solide Antwort hergeben können. Die üblichen Handbücher der historischen Methode übersehen die erste Dimension und behandeln nur die zweite. Die Entscheidung über die Art der zu konsultierenden Quellen, die für den Gewinn empirischer historischer Erkenntnisse relevant sind, hängt jedoch von den Absichten der Historiker ab, die sie hinsichtlich ihres Interesses an der Vergangenheit haben. Diese Absichten manifestieren sich in historischen Fragen. Droysen behandelte sie als methodischen Faktor im historischen Denken.

Die *Interpretation* bringt die Ergebnisse der Quellenkritik – die Information darüber, was, wann, wo und warum etwas in der Vergangenheit passiert ist – in eine sinnvolle – und das bedeutet immer auch: eine erklärende – zeitliche Verbindung. Durch diese Operation erhalten die kritisch herausgefundenen Fakten (oder »Informationen«) einen historischen Charakter. Sie werden als Teil eines spezifisch historischen Prozesses angesehen und verstanden. Heute wird der methodische Charakter der *Interpretation* durch eine Analyse der literarischen Präsentation in der Geschichtstheorie überschattet.

Droysen machte eine klare Unterscheidung zwischen *Interpretation* als methodisches Verfahren und *Präsentation* als Verfahren der Historiographie. Neben der Forschungsmethode widmete Droysen diesem Verfahren eine besondere Analyse. Er behandelte die Historiographie in Form einer Typologie der historiographischen Repräsentation: Er unterschied untersuchende, erzählende, didaktische und diskussive Repräsentationen. Alle sind mit der Forschung verbunden und von ihr abhängig. Mit »didaktisch« meinte er die universelle Geschichte, die sich auf die Menschheit im Ganzen bezog. Bereits dieser Begriff weist auf sein Verständnis der *Geschichtsdidaktik* hin. Für ihn hat jede Darstellung der Geschichte eine didaktische Wirkung: Sie ist durch eine Orientierungsfunktion strukturiert. Diese Funktion ist keine Ergänzung zur Arbeit von Historikern, sondern bestimmt ihre Logik. Dies ist der Grund, warum Droysen zwischen zwei Formen der Plausibilität unterschied: Richtigkeit und Wahrheit. Die Wahrheit ist charakteristisch für diese funktionale Qualität des historischen Denkens.

Indem es diese Funktion erfüllt, ist historisches Wissen Teil der historischen Kultur. Droysen bezeichnete die Logik dieser Funktion des historischen Denkens als einen Faktor der kulturellen Orientierung, der der Logik der Identitätsbildung folgt. Für ihn zeigt die Geschichte die Identität der Menschen in ihren konkreten sozialen Lebensformen, von kleinen Einheiten wie der Familie bis zu ihrer umfassendsten Form des Menschseins: der Menschheit. Dies drückt sich in Droysens pathetischer Formulierung aus: Die Geschichte ist das Gnothi-Seauton (wörtlich: sich selbst erkennen) der Menschheit.[25]

Langfristig sind von Droysens Werk nur seine Geschichte des Hellenismus und vor allem seine Historik wirksam geblieben. Sein Nationalismus, der stark religiöse Züge aufwies, wurde als seiner Zeit gemäß historisch eingeordnet, hat aber für die Historiographiegeschichte der deutschen Nationsbildung keine wesentliche Rolle gespielt. Dagegen sprach schon die Einseitigkeit und perspektivische Verzerrung seiner Auffassung von der Rolle Preußens, die schon zu seinen Lebzeiten eine nachhaltige Wirkung verhindert hatten.

Ganz anders sieht die Nachwirkung Droysens im Bereich der Geschichtstheorie aus. Seit der Veröffentlichung der Vorlesungen durch Hübner gehört Droysen zu den Autoren, die im deutschsprachigen Diskurs der Geschichtstheorie eine bis heute andauernde wichtige Rolle spielen. An seiner Darlegung der Logik des historischen Denkens kann eine Struktur der Geschichtswissenschaft aufgewiesen werden, die die Eigenart des Historismus als Großepoche der Geschichtswissenschaft charakterisiert. Insofern kommt seiner Historik (und weniger seiner Historiographie) nach wie vor eine besondere Bedeutung zur Einschätzung von Leistung und Grenzen des Historismus im deutschen Sprachraum zu.

In ihrer systematischen Ordnung ist Droysens ›Historik‹ immer noch paradigmatisch für den geschichtstheoretischen Diskurs von heute.

Gleiches gilt für die universelle Perspektive des historischen Denkens (»Menschheit«), seine hermeneutische Form, seine methodische Differenzierung und kulturelle Ausrichtung. Nicht akzeptabel ist Droysens starker nationaler (sogar nationalistischer) Standpunkt. Was (aus heutiger Sicht) ebenfalls fehlt, ist eine systematische Betrachtung von Unterschieden und Verschiedenheiten in der nationalen Identität und in der universalistischen Idee der Menschheit. Schließlich vernachlässigte Droysens Idee des Fortschritts (Epidosis eis hauto) und der Rückkehr der Schöpfung zu Gott die Unmenschlichkeit der Menschen als einen wesentlichen Teil ihrer Menschlichkeit und Faktor ihrer Entwicklung. Die Integration dieser Themen in die systematische Reflexion der Grundlagen des historischen Denkens und seiner fachwissenschaftlichen Formung würde Droysens Geschichtstheorie wieder in den Kern ihrer heutigen Diskurse zurückbringen.

# EIN WENDEPUNKT DER HISTORIK: HAYDEN WHITE

Geschichtstheorie (›Historik‹) ist eine ausgearbeitete Reflexion über die Prinzipien des historischen Denkens. Sie hat eine lange Tradition bis in die Antike zurück, nicht nur im Westen, sondern auch in der erkenntnistheoretischen historischen Tradition Chinas.[1] In der Neuzeit konzentriert sie sich hauptsächlich, aber nicht ausschließlich auf die Geschichtswissenschaft. Ihre Argumentationsweise ist ganz unterschiedlich, aber sie zeigt Entwicklungstrends, die mit den Veränderungen in der Geschichtswissenschaft und der Historiographie einhergehen.

Zu Beginn der modernen Geschichtsforschung (in der Mitte des 18. Jahrhunderts) erscheint ein Werk, das den Wandel sowie die Herausforderung aufzeigt, die die Umwandlung des historischen Denkens in seine spezifisch moderne Form mit sich gebracht hat: Es handelt sich um Johann Martin Chladenius' Buch: Allgemeine Geschichtswissenschaft, veröffentlicht 1752.[2]

Chladenius reflektierte die erkenntnistheoretischen Ansprüche auf Wahrheit, die das historische Denken seiner Zeit als Zweig der menschlichen Erkenntnis erhebt (genauer: erheben kann). Seine kognitive Form erreicht die Qualität der »Wissenschaft«. Dies bedeutet, dass die Geschichte ihre Position als Teil der Rhetorik verlassen und einen neuen, unabhängigen Status erlangt hat. Aristoteles hatte die Geschichte als eine Aktivität des menschlichen Geistes beschrieben, die nicht den kognitiven Standard teilt, der von der Philosophie gepflegt wird. Er bewertete sie als weniger philosophisch und daher weniger wichtig und ordnete sie Poesie unter.[3]

Dieser Status einer kognitiven Schwäche erfuhr nun eine Veränderung. Die Geschichte wurde zu einer »Wissenschaft«. Der neue Status fand seinen paradigmatischen Ausdruck in den programmatischen Erklärungen in den ersten Ausgaben der neuen akademischen historischen Zeitschriften, die zu einer herausragenden Plattform für den professionellen Geschichtsdiskurs wurden.[4] Die Standardaussage, die den neuen kognitiven Status beansprucht, ist eine grundsätzliche Ablehnung der bisher dominierenden Tradition der Rhetorik, die der Geschichte einen Platz als angemessene kulturelle Aktivität in ihrem Bereich zugewiesen hatte. Ranke hat diese anti-rhetorische Richtung in der Entwicklung der Geschichtswissenschaft mit seinen berühmten Worten ausgedrückt: Er wollte nur zeigen, »wie es eigentlich gewesen«.[5] Dies wird bis heute auf der ganzen Welt zitiert.[6] Das Zitat findet sich in seinem Buch »Zur Kritik neuerer Geschichtsschreiber« (1824),[7] im Anhang zu seiner ersten historiographischen Publikation »Geschichten der römischen und germanischen Völker von 1494 bis 1514« (1824).[8] In diesem Anhang überprüfte er grundlegend die Historiographie der Zeit, die er in seinem Buch behandelte. Der Hauptaspekt dieser Kritik war die Frage nach der Gültigkeit der dargestellten Tatsachen und nach den Beweisen für ihre Darstellung. Diese Kritik wurde zu einem programmatischen Text für den neuen Anspruch auf die empirische Validität des historischen Wissens. Ranke legte dar, dass diese Validität durch eine systematische Anwendung des Verfahrens der Quellenkritik erreicht werden müsse. Quellenkritik ist eine Methode, um mit der Information über die Vergangenheit in den sogenannten »Quellen« umzugehen, die als Überreste des Vergangenen von dem zeugen, was geschehen ist. Ranke hat eine schlagende Formulierung für diese anti-rhetorische Art des historischen Denkens und seiner Darstellung gefunden: »Nackte Wahrheit ohne alles Schmuck; gründliche Erforschung des Einzelnen; das Übrige Gott befohlen; nur kein Erdichten, auch nicht im Kleinsten, nur kein Hirngespinst«.[9]

Diese Wende von der Rhetorik zur Wissenschaft beherrschte lange Zeit die Reflexion der Historiker über ihre Disziplin (die das gesamte 19. Jahrhundert, in den ersten Jahrzehnten des 20. Jahrhunderts und noch länger dauerte). Das repräsentativste Dokument dieser Art der Behandlung des historischen Denkens ist Ernst Bernheims »Lehrbuch der historischen Methode«.[10] Ein französisches Äquivalent ist das Handbuch von Charles-Victor Langlois und Charles Seignobos.[11]

Eine völlig andere Form der Reflexion der Prinzipien des historischen Denkens stellt die Philosophie der Geschichte dar. Sie entstand im Entstehungsprozess der modernen Geschichte als ein Bezugsrahmen, der die enorme Zunahme des historischen Wissens im 18. Jahrhundert (vor allem durch Reiseberichte) ordnen konnte, und entwickelte die Sinneskriterien, nach denen der Zeitverlauf der Ereignisse in der Vergangenheit die Bedeutung eines umfassenden zeitlichen Ganzen erhielten, das »die« Geschichte genannt wird.[12] Die professionellen Historiker wiesen diese Denkweise über die Geschichte zurück, da sie nicht in ihr Forschungsschema passte. Aber es blieb als implizite Voraussetzung ihrer Professionalität mächtig.[13]

Nachdem die Geschichtswissenschaft ihren »wissenschaftlichen« Status und Charakter und den damit verbundenen Anspruch, durch Forschung solides Wissen über die Vergangenheit zu erlangen, beansprucht und erreicht hatte, musste sie sich einem neuen Problem stellen: Ihr wissenschaftlicher Charakter musste in Bezug auf das paradigmatische Modell der Wissenschaft bestätigt werden, nämlich das der Naturwissenschaften. Die Bemühungen, die spezifische Rationalität des geschichtswissenschaftlichen Denkens zu erläutern, führten zu einer neuen Art der Geschichtstheorie: einer Reflexion der logischen Form ihrer Erkenntnis. Prominente Beispiele sind die Werke von Dilthey, Rickert, Simmel und Max Weber.

Sie alle sind sich einig, dass die historische Erkenntnis tatsächlich eine andere Form von Wissen und Rationalität hat, und dasselbe gilt für ihre methodischen Forschungsverfahren. Dennoch entstand ein philosophisches Interesse daran, diese Form mit der Rationalität der Naturwissenschaften zu vergleichen. Es waren (neben anderen) C.G. Hempel und Karl Popper, die ein allgemeines logisches Schema für diese Rationalität entwickelten und zu zeigen versuchten, dass dieses Schema für das historische Denken gültig ist. Der Geschichtstheorie wuchs das Thema ›Erklärung als konstitutive Form der wissenschaftlichen Rationalität‹ zu.

Die analytische Philosophie führte eine weit verbreitete und lang anhaltende Debatte darüber. Diese Debatte hat ihr Ende (oder besser: ihren Höhepunkt) mit der Einsicht in den narrativen Charakter der historischen Erkenntnis gefunden. Die Geschichtswissenschaft erklärt die zeitlichen Veränderungen in der menschlichen Welt, indem sie eine Geschichte darüber erzählt.[14]

So begann der Narrativismus seinen Siegeszug in der Geschichtstheorie. Und Hayden Whites Werk kann als die erfolgreichste und effektivste Version dieses Narrativismus angesehen werden.

Die Absicht zu wissen, worum es beim Erzählen einer Geschichte geht, brachte die Geschichtstheorie der Literaturwissenschaft und Linguistik nahe. Hayden Whites ›Metahistory‹ aus dem Jahr 1973[15] präsentierte ein komplexes Schema, um die Historiographie als Teil der Literatur zu verstehen. Dieses Schema wird durch die dominierende Frage strukturiert, worum es bei der Erklärung in der Geschichte geht. Ich werde nicht auf die Details dieses Schemas eingehen. Ich erwähne nur seine Komplexität, da es sehr unterschiedliche Dimensionen kombiniert, um der Vergangenheit die Bedeutung der Geschichte zu geben: Diese Dimensionen werden durch literarische Muster, kommunikative Argumentationsweisen und politische Implikationen gebildet. Sie werden in einen inneren Zusammenhang gebracht, indem sie auf rhetorischen Tropen gegründet werden. Sie geben den Ereignissen der Vergangenheit eine Bedeutung für die Gegenwart (und ihre Zukunftsperspektive). Es sind also rhetorische Tropen, die darüber entscheiden, wie die Vergangenheit als Geschichte verstanden werden und Sinn für die Gegenwart gewinnen kann. White präsentiert sein Schema als analytisches Werkzeug für eine Interpretation der (westlichen) Geschichtsschreibung im 19. Jahrhundert. Darüber hinaus verleiht er ihm einen viel grundlegenderen Charakter: Dieses Schema offenbart die Logik des historischen Denkens im Allgemeinen. Es wird als rhetorisches Verfahren verständlich und verwendbar, zeitliche Veränderungen in der menschlichen Welt als sinnvolle Figur zur Orientierung des menschlichen Lebens in der Zeit darzustellen.

Hayden Whites ›Metahistory‹ markiert einen Wendepunkt in der Theorie der Geschichte nach dem Durchbruch von Arthur Dantos analytischer Rekonstruktion der historischen Erklärung als Akt der Erzählung. ›Metahistoy‹ ist nicht nur zu einer Standardbezeichnung der Geschichtstheorie geworden, die die Praxis des Historikers und ihre Leitprinzipien reflektiert. Der traditionelle Begriff »ars historica« oder »Historik« (in der deutschen Tradition) hat sich nun in »Metahistory« geändert. Das Buch von White und seine folgenden Artikel haben die Theorie der Geschichte für eine Rezeption der Erzählungstheorie geöffnet, wie sie in der Literaturwissenschaft und Linguistik dargelegt und diskutiert wurde. Diese Öffnung ist zweifellos ein Fortschritt und eine Bereicherung im Diskurs über die Logik des historischen Denkens.

Die Idee, dass diese Denkweise schließlich in einem Text (Historiographie) verwirklicht wird, ist natürlich nicht neu, aber was neu ist, ist die Frage nach ihrer Textualität und deren Sinnkriterien, die bisher in der Geschichtstheorie nicht ausreichend berücksichtigt wurden. Mit nur wenigen Ausnahmen (z. B. Gervinus[16]) ging die vorherrschende Form der Reflexion der Geschichte nicht auf die Geschichtsschreibung, die ein wesentlicher Faktor der Praxis der Historiker war und ist. Wenn überhaupt, wurde sie nur in sehr begrenzter Weise als funktionale Folge des Erkenntnisprozesses in der Forschung dargestellt. Ernst Bernheim, der prominenteste Vertreter dieser Tradition der Historik als Theorie der Forschungsmethode, behandelte die Historiographie auf nur 20 Seiten seiner mehr als 700 Seiten umfassenden Arbeit. »Darstellung« habe nichts mit den Aufgaben unserer Disziplin zu tun. Sie müsse lediglich »der Regel folgen, um unveränderte Forschungsergebnisse auszudrücken«. Diese Reduktion auf Forschung ist eine Folge der anti-rhetorischen Wende der Geschichtstheorie seit dem Aufkommen der Geschichtswissenschaft als akademischer Disziplin. Hayden White kehrte diese Wende um. Durch ihn ist die Rhetorik mit dem starken Argument in die Geschichtstheorie zurückgekehrt, dass wir nicht verstehen und nicht verstehen können, was Historiker tun, ohne sich auf ihre Praxis zu beziehen, Geschichte zu schreiben oder historisches Wissen durch Erzählen einer Geschichte zu präsentieren. Dies ist natürlich auf starke Einwände gestoßen.

Um das zu veranschaulichen, möchte ich eine persönliche Erfahrung mit wütenden Reaktionen professioneller Historiker auf Hayden Whites ›Metahistory‹ mitteilen. Das Goethe-Institut in Turin hatte Ende Mai und Anfang Juni 1982 eine Konferenz zu aktuellen Fragen des Geschichtsdenkens organisiert. Teilnehmer dieser Konferenz waren prominente Historiker aus Italien, Deutschland, den USA, Frankreich und anderen europäischen Ländern. (Ich erwähne nur einige: Pierre Goubert, Marc Ferro, Wolfgang Mommsen, Karl-Georg Faber, Pietro Rossi.) Diese Gruppe repräsentierte den Stand der Selbstreflexion der Geschichtswissenschaft zu dieser Zeit. Alle – außer mir, der vom deutschen Philosophen Hans Michael Baumgartner über Arthur Dantos Konzept der narrativen Erklärung belehrt worden war – widersprachen mit leidenschaftlicher Energie Hayden Whites Argumenten über die narrative Struktur des historischen Denkens. Für sie war die Erzählung eine völlig veraltete Art, Geschichte zu schreiben, altmodisch und durch den Fortschritt der Geschichtswissenschaft, dem sie sich verpflichtet fühlten, überwunden.[17] Ihre aufgeregte Argumentation zeigte den Schock, den die Ideen von White über den narrativen Charakter des historischen Denkens verursacht hatten. Aber sie hatten keine Argumente, die die These vom narrativen Charakter des historischen Denkens wirklich hätten widerlegen können. Meiner Meinung nach hat Hayden White den Kampf der Argumente gewonnen. Er spielte mit Freude und Ironie die Rolle des Enfant Terrible in der Geschichtswissenschaft (nicht nur bei dieser Gelegenheit). Er tat dies jahrelang in den Workshops und Konferenzen, an denen ich teilnahm. Aber im Laufe der Zeit war der Außenseiter ein prominenter Vertreter der Geschichtstheorie auf der ganzen Welt geworden. Trotzdem liebte er es, die professionellen Historiker mit seiner Kritik an ihrem traditionellen Selbstbild als Gelehrte zu schockieren, die sich dem Fortschritt des Wissens durch Forschung und dem Prinzip der Objektivität verschrieben hatten.

Meine These von einer Wende klingt so, als hätten wir nur eine Alternative: Rhetorik oder Forschung. Tatsächlich hat die historische Methode in Hayden Whites Werk keine systematische Position eingenommen, um zu verstehen, worum es in der Geschichte geht und was Historiker tun. Ich halte es jedoch für irreführend, an dieser Alternative festzuhalten, und wir sollten sie in unserer Untersuchung nicht weiterverfolgen. Ich möchte lieber weiter nach der Substanz der Sache fragen: Gibt es keinen Punkt, an dem sich diese beiden Konzepte der Geschichtstheorie treffen könnten? Wenn wir diesen Punkt finden, können wir möglicherweise eine Perspektive der Geschichtstheorie entwickeln, die uns einen vollständigen Einblick in ihre Komplexität gibt. Damit könnte die Einseitigkeit der methodischen Rationalität einerseits und der poetischen Ästhetik andererseits überwunden werden. Daher sollten wir die einschlägigen Argumente aus der Geschichte der Historik näher ins Auge fassen.

Traditionell konzentrierte sich die methodische Rationalität der historischen Forschung auf die Methode der Quellenkritik. Diese Methode ist ein Verfahren, um solide Informationen aus den Überresten der Vergangenheit, den sogenannten Quellen, zu erhalten. Diese Informationen werden als »Fakten« bezeichnet. Fakten allein sind jedoch keine Geschichte. Wenn wir sie einfach chronologisch ordnen, erhalten wir keine Geschichtsschreibung, sondern Chroniken. Chroniken unterscheiden sich von der Geschichtsschreibung dadurch, dass sie keine narrative Struktur und ohne sie keine spezifisch historische Bedeutung haben. Die einfache chronologische Abfolge von Tatsachen hat keine Bedeutung in Bezug auf die Änderung, die sie anzeigen. Nur in einem sinnvollen (und erklärenden) zeitlichen Zusammenhang mit anderen Tatsachen erhalten die durch Quellenkritik hervorgerufenen Tatsachen eine historische Qualität.

Die entscheidende Frage lautet nun, was »sinnvoll« bedeutet. Die traditionellen Handbücher stellen diese Bedeutung in der Form einer Verbindung von Tatsachen (Ereignissen in einer zeitlichen Reihenfolge) dar. Diese Verbindung ist das Ergebnis eines methodischen Verfahrens, der Interpretation. Die Interpretation verleiht der zeitlichen Abfolge von Ereignissen (Fakten) einen erklärenden Charakter. Hayden White erläutert diesen erklärenden zeitlichen Zusammenhang von Ereignissen als narratives Verfahren, das sich an bestimmten literarischen Gestaltungskriterien orientiert. Er ersetzt die methodische Interpretation durch narrative Repräsentation und ignoriert damit die Möglichkeit des methodischen Verfahrens der Interpretation. Machen wir einen kleinen Umweg, indem wir uns an die Schritte des Verfahrens erinnern und daran, was durch die Interpretation erreicht wird:

Ich folge der methodologischen Argumentation von J.G. Droysen: Der erste methodische Schritt der Forschung ist die *Heuristik:* Sie formuliert die Leitfrage der historischen Untersuchung und sammelt das Material, das die angeforderten Informationen über die Vergangenheit liefert. Der zweite Schritt ist die *Kritik:* Sie gewinnt aus den »Quellen«, den empirisch vorgegebenen Überresten der Vergangenheit, solide Informationen darüber, was in der Vergangenheit passiert ist. Der dritte Schritt ist die Interpretation: Sie ordnet die Fakten in eine erklärende Reihenfolge der zeitlichen Abfolge. Nur in dieser zeitlichen Reihenfolge erhalten die Fakten eine historische Bedeutung. Der nächste Schritt (in logischer Reihenfolge) ist die *Darstellung:* Die Ergebnisse der Interpretation werden als Historiographie formuliert.

Unser Ausblick auf den geschichtstheoretischen Diskurs hat uns eine klare Antwort auf die Frage gegeben, ob Repräsentation und Interpretation gleich sind: nein. Die Begriffe können nicht einfach durcheinander ersetzt und ausgetauscht werden. Dieses Nein ist plausibel, solange die Methode zu den Fragen der Geschichtstheorie gehört und die Methode (nach Droysens klassischer Beschreibung) als eine Kombination aus Heuristik, Kritik und Interpretation verstanden wird.

Interpretation und Repräsentation sind jedoch sehr eng miteinander verbunden. Aufgrund eines bemerkenswerten Mangels an methodologischer Reflexion des Forschungsverfahrens der Interpretation (wo Theorien als rationale Konstruktionen eine Rolle spielen) sah der jüngste metageschichtliche Diskurs in der Darstellung eine umfassende mentale (genauer: sprachliche) Aktivität, um die Ereignisse der Vergangenheit in eine erklärende zeitliche Verbindung namens Geschichte zu bringen. Somit hat es einfach die Interpretation durch Repräsentation ersetzt und die methodische Tatsache der Interpretation als letzten Schritt im Forschungsverfahren ignoriert, die (künstlich, aber logisch klar) von der Repräsentation unterschieden werden kann – wie wir oben gesehen haben.

Geschichte wurde immer als Synthese des Geschehens in der Vergangenheit (res gestae) und seiner Darstellung durch eine Geschichte (narratio rerum gestarum) verstanden. Was heute in der Geschichtstheorie fehlt, ist ein klarer Einblick in diese Synthese. Sie kombiniert rationale Erklärungsfaktoren und rhetorische oder poetische Elemente einer Präsentation oder eines Berichts. Wir können feststellen, dass die Unterscheidung zwischen Interpretation und Repräsentation sehr kompliziert und sogar künstlich ist. Aber wir sollten sie nicht aus den Augen verlieren. Und in der Geschichtstheorie sollten wir deutlich machen, dass sie sich nicht gegenseitig ersetzen können. Das macht es wiederum erforderlich, Unterschied und Synthese zugleich zu analysieren.[18] Ohne eine solche Analyse werden wir das Verständnis dessen vermissen, was Historiker als Forscher tun. Nur durch einen solchen Einblick in die komplexe Beziehung zwischen Interpretation und Repräsentation erhalten wir einen besseren Einblick in das, was in der Geschichtswissenschaft, in der Geschichtsschreibung und in der historischen Kultur vor sich geht.

Ich möchte meine Überlegungen mit einigen Bemerkungen darüber beenden, wie man sich einem solchen besseren Verständnis nähert. Zunächst muss ich jedoch unterstreichen, dass die traditionelle Geschichtstheorie das Schreiben von Geschichte nicht vernachlässigt hat, während sie freilich die Methoden der Forschung in den Vordergrund rückte.[19] Sie tendierte dazu, die Repräsentation in ihrem Verhältnis zur Interpretation zu funktionalisieren oder sogar zu marginalisieren. Demgegenüber ist zu betonen, dass beide Verfahren tatsächlich eine abstrakte Trennung einer ursprünglichen Einheit sind. Sie sind gleich ursprünglich. Sie orientieren sich an denselben grundlegenden und konstitutiven Sinneskriterien des Denkens über den Verlauf der Zeit im menschlichen Leben. Daher möchte ich diese Kriterien in Bezug auf ihre Beziehung zur menschlichen Vernunft erläutern, die methodische Rationalität und sprachliche Plausibilität verbinden kann.

Dass Interpretation und Repräsentation einer anderen Logik folgen und dennoch systematisch verbunden sind, drückt sich deutlich in einer Bemerkung eines der bekanntesten Historiker aus (den ich bereits zitiert habe): Leopold von Ranke: »Die Historie unterscheidet sich dadurch von anderen Wissenschaften, dass sie zugleich Kunst ist. Wissenschaft ist sie: indem sie sammelt, findet, durchdringt; Kunst, indem sie das Gefundene, Erkannte wieder gestaltet, darstellt. Andere Wissenschaften begnügen sich, das Gefundene schlechthin als solches aufzuzeichnen: bei der Historie gehört das Vermögen der Wiederhervorbringung dazu. ... Sie ist weder das eine noch das andere; sie fordert aber eine Vereinigung der in beiden tätigen Geisteskräfte Sie verbindet sie beide in einem dritten, nur ihr eigentümlichen Element. [...] Die Kunst beruht auf sich selber; ihr Dasein beweist ihre Gültigkeit, dagegen vollkommen durchgearbeitet sein bis zu ihrem Begriff und über ihr Eigenstes klar muss die Wissenschaft sein.«[20]

Für Ranke braucht die poetische Seite der Geschichte keine besondere Reflexion, das ist ihm selbstverständlich; nur die methodische Seite erfordert das. Spätestens seit wir mit Hayden Whites Poetik der Geschichtsschreibung konfrontiert sind, sollten wir es besser wissen. Es ist dringend erforderlich, diese poetische Seite ebenso gründlich zu analysieren wie die Forschungsmethoden.

Georg Gottfried Gervinus (1805–1871) verfolgte eine andere Strategie der Geschichtstheorie als den Mainstream der Methodik historischer Studien. Er stellte die Geschichtsschreibung in den Mittelpunkt seiner Grundzüge der Historik (1837). Er ging nicht auf die Methode der historischen

Forschung ein, da sie für ihn nur eine »Vorbereitung« auf die »Kunst der Geschichte« war. Aber was ist diese »Kunst«? Er analysierte verschiedene Formen der Geschichtsschreibung, aber das Hauptziel dieser Geschichtstheorie war die Orientierung des historischen Denkens an Ideen. Nach seiner idealistischen Geschichtsphilosophie bewegen Ideen den geschichtlichen Wandel. Sie geben den Änderungen der menschlichen Welt eine Richtung oder ein Ziel. Ästhetik und Poetik der Geschichtsschreibung lösten sich bei Gervinus in der Philosophie der Geschichte auf. Es ist jedoch bemerkenswert, dass in seiner »Historik« die Historiographie und nicht in Forschung und Methodik behandelt wurde. Gervinus thematisierte die Geschichtsschreibung als eine Verwirklichung von Ideen, die den Geist des Historikers sowie die wirkliche Veränderung der menschlichen Angelegenheiten in der Vergangenheit bewegen. Ideen sind gleichzeitig bewegende Kräfte und Ziele der historischen Entwicklung.

Diese Philosophie hat seit der Wende zum 20. Jahrhundert ihre intellektuelle Anerkennung verloren, aber wir sollten es nicht dabei belassen: Es lohnt sich zu bedenken, dass die Geschichtsschreibung durch die Ideen der Historiker strukturiert wird, die die Geschichte als eine sinnvolle Gesamtheit mit einer Orientierungsmacht in der Kultur der Gegenwart formieren.

Was sollten wir heutzutage in der Geschichte der Geschichtstheorie aufsuchen? Es geht um die Wechselbeziehung zwischen Interpretation als methodischem Verfahren und der Darstellung als poetisches oder ästhetisches Verfahren, um die menschliche Vergangenheit als Geschichte zu behandeln.

Diese Absicht bringt ein weiteres großes Werk der Geschichtstheorie ins Blickfeld: die »Historik« von Johann Gustav Droysen.[21] Es ist Droysens Interesse, die Grundlagen des historischen Denkens zu reflektieren, das für ihn ein eigenständiges Feld menschlicher Intellektualität ausmacht. Seine ›Historik‹ umfasst und synthetisiert alle Diskurse, die sich mit Aspekten der Geschichtstheorie befassen: Philosophie der Geschichte, Erkenntnistheorie der historischen Erkenntnis, Methodik der historischen Forschung und Theorie der Historiographie. Daher geht es um beides: Interpretation als methodisches Forschungsverfahren und Repräsentation historischen Wissens in der Geschichtsschreibung.

Die Art und Weise beides zu thematisieren, verweist auf einen systematischen, schwierigen und prekären Teil der Geschichtstheorie. Wir können nun sehen, wie sorgfältig Droysen vorging: In der ersten Version seiner ›Historik‹ wurde die Darstellung im Kapitel über die Methode als »Apodeixis« behandelt. Sie galt als viertes methodische Verfahren nach Heuristik, Kritik und Interpretation. In späteren Auflagen wurde die Historiographie von der Methodik getrennt und in einem eigenen Kapitel behandelt. So wies Droysen auf beides hin: die enge Wechselbeziehung und die Trennung dieser beiden Aktivitäten des historischen Denkens. Er erkannte den nicht-methodischen Status des Geschichtsschreibens, aber dennoch blieb dessen Abhängigkeit von der Forschung und ihren Methoden (einschließlich Interpretation) offensichtlich.[22]

Andererseits sollte man nicht übersehen, dass Droysen die Grenzen der Methode klar angegeben hat. Für ihn hat das historische Denken ein hermeneutisches Fundament. Er definierte daher die historische Methode als *forschendes Verstehen*. Verstehen hat seine Wurzeln im menschlichen Leben. Hier wird die Menschheit angesprochen. Mensch ist man, wenn man die Bedeutung der vorgegebenen Welt versteht und kommuniziert und in der Lage ist, in ihr zu leben. Dieses Verstehen bedeutet viel mehr als Methode. Es ist eine Manifestation der »ethisch-intellektuellen Natur des Menschen«. Es hat sozusagen einen ethischen Überschuss gegenüber den Regeln, denen man folgt, um Wissen über die Vergangenheit zu erlangen. Es prägt Ethik in die Abläufe des historischen Denkens ein und gibt ihm eine praktische Funktion im menschlichen Leben.

Hayden White würde dieser Aussage nicht widersprechen. Er würde Droysens Denkschritt über die Methode hinaus als notwendige Voraussetzung für das Verständnis dessen, worum es in der Geschichtsschreibung geht, stärken. Er wies jedoch nicht nur auf die ethische oder praktische Dimension des Geschichtsschreibens hin (er verwendete den Begriff »ideologisch«, um seine intellektuelle Position politisch von Droysens bürgerlicher Position zu distanzieren).[23] Stattdessen legte er es als eine Art der Erzählung dar. Damit bestätigte er den besonderen Status der Historiographie neben der Methode und gab ihr damit den richtigen Platz in der Geschichtstheorie. In dieser Hinsicht hat er eine neue Seite im Buch der Geschichtstheorie aufgeschlagen.

Für Droysen hat der ethische Überschuss über das methodische Verfahren im historischen Denken eine kognitive Bedeutung. Für ihn handelt es sich um eine Frage der Wahrheit. Er unterschied zwischen *Richtigkeit* und *Wahrheit*. Die Wahrheit hatte eine doppelte Qualität: eine theoretische durch Erklärung und eine praktische durch Orientierung. Die Methode war ein intellektuelles Verfahren, ohne dass diese Doppelfunktion nicht realisiert werden könne.

Dies ist der Punkt, an dem Hayden White die Tradition der Geschichtstheorie verlässt, wo Interpretation und Repräsentation systematisch miteinander verbunden sind. Repräsentation ist für ihn bereits Interpretation, und Methode führt historisches Denken in den Mäander der Verdinglichung der Geschichte, die sie ihrer ethischen Würde beraubt. Die Konsequenzen dieser Einseitigkeit liegen auf der Hand: ein wachsender Mangel an Verständnis für Interpretation als methodisches Forschungsverfahren und eine Entfremdung der Praxis professioneller Historiker von der Geschichtstheorie.

Es ist höchste Zeit, diesen Mäander zu verlassen und die Forschungsmethodik wieder in ein Konzept der Geschichtstheorie zu integrieren, das durch Hayden Whites Analyse der Geschichtsschreibung bereichert wurde.

Wie könnte das gemacht werden? Mein Vorschlag geht auf eine neue Herangehensweise an die Grundprinzipien des historischen Denkens, die es ermöglichen, Ereignisse der Vergangenheit zu einer Geschichte für die Gegenwart zu machen. Die Tropen der Rhetorik, die in der ›Metahistory‹ von White vorgestellt wurden, sind solche Prinzipien. Aber treffen sie den Kern des historischen Denkens? Das glaube ich nicht. Sie sind sprachliche Prinzipien der Bedeutungserzeugung und haben keinen besonderen Bezug zur menschlichen Vergangenheit. Ich denke, sie sollten durch Sinnkriterien ersetzt werden, die diesen besonderen Bezug haben.

Ein solcher Einsatz bringt die Philosophie der Geschichte zurück in die Geschichtstheorie. Um sie als bestimmenden Faktor des historischen Denkens zu entfalten, müssen wir davon ausgehen, dass sie eine dreifache Form hat: eine materielle, eine formale und eine funktionale. Im Diskurs der Geschichtsphilosophie sind sie streng getrennt, obwohl sie in dieser Trennung nicht ausreichend verstanden werden können. Sie müssen synthetisiert und als Synthese erneut auf der Suche nach Sinnkriterien analysiert werden. In der Tat können wir sie finden. Im funktionalen Diskurs der Geschichtsphilosophie – besser bekannt als Erinnerungsdiskurs – ist die Bedeutung der Vergangenheit ein wirksames Element in der kulturellen Orientierung des menschlichen Lebens, noch bevor die Vergangenheit in ihrer zeitlichen Distanz zur Gegenwart als Geschichte behandelt wird. In der materiellen Dimension spricht die Vergangenheit die Gegenwart durch ihre Manifestation von Bedeutung oder durch einen offensichtlichen Mangel an Bedeutung an. Dadurch wird das historische Denken dazu provoziert, diese Ambivalenz der Bedeutung zu untersuchen und sie mehr oder weniger kritisch in das Netzwerk des kulturellen Lebens der Gegenwart einzubringen. Und was kann die formale Philosophie der Geschichte dazu beitragen? Hier ist Erzählung ein kulturelles Verfahren der Bedeutungsproduktion, das die Erfahrungen der Vergangenheit effektiv durcharbeitet, damit ihre Belastung erträglicher und ihre Versprechen überzeugender werden. Hier liegt der Ausgangspunkt für eine weitere Arbeit der Geschichtstheorie, die von Hayden Whites Arbeit angeregt wurde.

# ANMERKUNGEN

## Vorwort

1  Rüsen: Die roten Fäden im Gewebe der Geschichte 2020.

2  Rüsen: Historik. 2013.

3  Philosophie und Psychologie im Dialog, ed. Christoph Hubig und Gerd Jüttemann Bd. 20: Klüners, Martin, Rüsen, Jörn: Religion und Sinn. 2020.

4  Zuletzt noch in: Rüsen: Historik 2013, S. 221–252: Rüsen: Geschichtskultur, Bildung und Identität. 2020.

## Zur Einführung: Die roten Fäden im Gewebe der Geschichte

1  Ibn Khaldun: Buch der Beispiele. 1992, S. 30.

2  Zur Symbolik des Fadens siehe Müller, K. E.: Verfangen im Fadenkreuz Gottes. 2020.

3  Weber, M.: Wissenschaft als Beruf 1917/1919 – Politik als Beruf 1919. 1994, S. 12.

4  Der klassische Text dazu sind Schleiermachers »Reden über die Religion« (Schleiermacher, F.: Über die Religion. 1969).

5  So beispielsweise bei Hans Joas: Die Sakralität der Person. 2015; ders.: Die Macht des Heiligen 2019.

## 1 Was ist Sinn?

1  Die einschlägige Literatur ist uferlos. Zur Begriffsgeschichte Biller: Habe Sinn und wisse Sinn zu wecken! 1991, S. 1–9; ferner: Thies: Der Sinn der Sinnfrage. 2008, vor allem S. 93–104. Grundlegend: Angehrn: Sinn und Nicht-Sinn. 2010; Berger; Luckmann: Modernität, Pluralismus und Sinnkrise. 1995, 3. Aufl. 1998;

© Springer Fachmedien Wiesbaden GmbH, ein Teil von Springer Nature 2020
J. Rüsen, *Historische Sinnbildung*, https://doi.org/10.1007/978-3-658-32171-0

Braungart: Leibhafter Sinn. 1995; Bruner: Sinn, Kultur und Ich-Identität. 1997; Dux: Wie der Sinn in die Welt kam und was aus ihm wurde. 1997; Hölkeskamp; Rüsen; Stein-Hölkeskamp; Grütter (Eds): Sinn (in) der Antike. 2003; Rustemeyer: Sinnformen. 2001; Stekeler-Weithofer: Sinn Kriterien. 1995; Berger: Sehnsucht nach Sinn 1999.

2   Marx: Zur Kritik der Politischen Ökonomie. Vorwort. 1859, S. 9.

3   Marx; Engels: Feuerbach. 1966, S. 1211.

4   Kant: Metaphysik der Sitten, A 93.

5   Von »ich-licher Aktivität« spricht Edmund Husserl in »Erfahrung und Urteil. Untersuchungen zur Genealogie der Logik«, 1948, S. 63.

6   Weber: Gesammelte Aufsätze zur Wissenschaftslehre. 1968, S. 565.

7   Vers 1112–1117.

8   Augustinus: Confessiones I,1.

9   Dazu als hervorragendes Beispiel Borchmeyer: Was ist deutsch? 2017.

10   Rüsen: Historik. 2013, S. 99.

11   Fellmann: Orientierung Philosophie. 1998, S. 15.


## 2   Sinndimensionen: Raum, Zeit, Selbst

1   Dazu Müller: Die fünfte Dimension. 1999.

2   Dazu Antweiler: Mensch und Weltkultur. 2011.

3   Weber: Die ›Objektivität‹ sozialwissenschaftlicher und sozialpolitischer Erkenntnis, 1968, S. 180.

4   Heidegger: Sein und Zeit. 1967, S. 112.

5   Dux: Wie der Sinn in die Welt kam, und was aus ihm wurde, 1997.

6   Pico della Mirandola: Oratio de hominis dignitate. Rede über die Würde des Menschen. 1997.

7   Ebd., S. 9.

8   Kant: Metaphysik der Sitten (1797), A 93 f.

9   Dazu grundlegend: Lübbe: Geschichtsbegriff und Geschichtsinteresse. 1977, passim.

10   Kierkegaard: Die Krankheit zum Tode. 1962, S. 13.

11   Dazu ausführlich: Straub: Das erzählte Selbst. 2019.

12   In der Historiographie findet sich daher auch der Identitätsbegriff ohne Skrupel an seiner Bedeutung. So wird er zum Beispiel in dem Werk: Berger (Ed.):

Constructing Industrial Pasts. 2020, nicht nur im Titel, sondern auch in den Überschriften von drei Kapiteln verwendet.

## 3 Religion – Immanenz und Transzendenz

**1** Es ist erstaunlich, dass Hans Joas seinen Versuch, Religion als Sinnquelle zu rehabilitieren, durchgängig handlungstheoretisch konzipiert und dem Leiden keine vergleichbare systematische Bedeutung zumisst (Joas: Die Macht des Heiligen. 2019).

**2** Dass Religion auf eine Erfahrung von Sinndefiziten reagiert, hat William James betont (Die Vielfalt der religiösen Erfahrung. 1997, S. 152–187).

**3** Otto: Das Heilige. 1963.

**4** Girard: Das Heilige und die Gewalt. 1999.

**5** Grundlegend dazu: Eliade: Das Heilige und das Profane. 1957.

**6** Beispielhaft James, W.: Die Vielfalt der religiösen Erfahrung. 1997.

**7** Musil: Der Mann ohne Eigenschaften. 1952, S. 781: Dort wird dieser Zustand angesprochen als »dieses wunderbare Gefühl der Entgrenzung und Grenzenlosigkeit des Äußeren wie des Inneren, das der Liebe und der Mystik gemeinsam ist!« Dazu Gschwandtner: Ekstatisches Erleben. 2013.

**8** Siehe dazu Küenzlen: Der neue Mensch. 1997.

**9** Zum Begriff »Säkular« siehe Hölscher: Protestantische Frömmigkeit in Deutschland. 2017, S. 104 ff.

**10** So z. B. bei Joas: Braucht der Mensch Religion? 2004; ders.: Die Macht des Heiligen. 2017; ders.: Die Sakralität der Person. 2015. Siehe auch Straub: Religiöser Glaube und säkulare Lebensformen im Dialog. 2016.

**11** Proust: In Swanns Welt. 1981, S. 63–65.

**12** Z. B. Faust II, V. 11844 ff.

**13** In seinem »Brief des Lord Chandos an Francis Bacon« beschreibt er eine ähnliche überwältigende Sinnerfahrung: Er spricht von einer »überschwellenden Flut höheren Leben«, von einer »Gegenwart des Unendlichen«, [...] das »von den Wurzeln der Haare bis ins Mark der Fersen mich durchschauert«, von einer »mich und die ganze Welt durchwebende[n] Harmonie« (Hofmannsthal: Brief des Lord Chandos an Francis Bacon, 1976.).

**14** Goethe: Faust II, V. 12108.

**15** Dazu Habermas: Auch eine Geschichte der Philosophie. Band 2: Vernünftige Freiheit. 2019, S. 807: »[...] Die Vernunft würde mit dem Verschwinden jeden Gedankens, der das in Welt Seiende im Ganzen transzendiert, selber verkümmern. Die Abwehr dieser Entropie ist ein Punkt der Berührung des nachmetaphysischen

Denkens mit dem religiösen Bewusstsein [...]«. Freilich: Habermas vollzieht seine Philosophie post-metaphysisch und verschließt der Vernunft mit der Metaphysik einen ganzen Bereich von Transzendenz (wie immer er kritisch angesehen oder verändert werden mag).

## 4 Geschichte

1 Herodot: Historien 1959, S. 1.

2 Assmann: Exodus. Die Revolution der Alten Welt. 2015. Assmann weist immerhin darauf hin, dass der Geschichte »Erfahrungen« zugrunde liegen.

3 Ibid., S. 389 ff.

4 Zu den Plausibilitätskriterien Rüsen: Historik. 2013, S. 60–62

5 So etwa bei White: Metahistory. 1991. Dazu Rüsen: A Turning Point in Theory of History. 2020.

6 So z. B. im jüdischen kulturellen Gedächtnis der Exodus. Dazu Assmann: Exodus [Anm. 44]. Siehe oben S. 59.

7 Dazu Rüsen: Historik. 2013, S. 33 f.

8 Dazu Létourneau: Die Selbst-Erzählung, 2001.

9 Diese (in der Geschichtsdidaktik äußerst wirkungsvoll gewordene) Definition stammt von Karl-Ernst Jeismann (»Geschichtsbewußtsein«. 1985, S. 43–71).

10 Dazu: Müller; Treml (Eds.): Ethnopädagogik. 1992.

## 5 Dimensionen des Historischen

1 Herodot: Historien,1959, S. 3 (I, 5).

2 Thukydides: Geschichte des peloponnesischen Krieges, 1962, S. 14 (I,22).

3 Ebd., S. 14 (I,22).

4 Tacitus: Historien, 1959, S. 7 (I,1).

5 Ranke: Zur Kritik neuerer Geschichtsschreiber. 1874, S. 24.

6 Quirin: Liu Zhijhi und das Chun Qiu. 1987, S. 13.

7 Ebd., S. 100.

8 Ibn Khaldun: Buch der Beispiele. 1992, S. 30.

9 Ebd., S. 44.

10 Lukian: Wie man Geschichte schreiben soll, 1965, S. 107.

11 Machiavelli: Discorsi. 1922.

12  Kalhana's Rajatarangini. 1989, vol. 1, S. 2 (statt »where« müsste es eigentlich heißen: whereas).

13  Said: Humanism and Democratic Criticism. 2004, S. 21.

14  Aristoteles: Poetik 1451b.

15  Aristoteles: Metaphysik 982b

16  Aristoteles: Nikomachische Ethik 1177a ff.

17  Dazu: Koselleck; Mommsen; Rüsen (Eds): Objektivität und Parteilichkeit in der Geschichtswissenschaft 1977; Rüsen: Historik. 2013, S. 65.

18  Imdahl: Giotto. 1996, S. 437.

19  White: The Historical Text as Literary Artefact, 1978; ders.: Auch Klio dichtet oder Die Fiktion des Faktischen. 1986; ders.: Metahistory. 1992. Dazu Rüsen: A Turning Point in Theory of History 2020.

20  Dazu ein Beispiel: In einem Interview in der ZEIT (Nr. 42, 10. Oktober 2019, S. 57) beschreibt Salman Rushdie sein Vorgehen beim Schreiben: »Es hat nichts mit Hausbau zu tun. Es gibt kein Fundament und kein Dach. Es ist eher wie eine riesige Wollkugel, aus der drei Fäden herausgucken; an denen ziehst und ziehst du, und am Ende siehst du, was das ist.«

21  Zum Sinnproblem des Holocaust siehe unten S. 42 f.

22  Dazu Rüsen: Leidensverdrängung und Trostbedarf im historischen Denken, 2008.

23  Weber: Wirtschaft und Gesellschaft. 1964, Erster Halbband S. 38; Zweiter Halbband S. 692.

24  Weber: Die drei Typen der legitimen Herrschaft, 1968.

25  Dazu Rüsen: Historische Methode und religiöser Sinn 2002.

26  Typisch dafür sind die Arbeiten von Mircea Eliade.

27  So zum Beispiel bei Jan Assmann: Exodus. Er sieht in diesem Buch »Wahrscheinlich die grandioseste und folgenreichste Geschichte, die sich Menschen jemals erzählt haben.« (Exodus. Die Revolution der Alten Welt. 2015, S. 19) Er schlägt zwischen dem religiösen Großereignis und seiner aktuellen Bedeutung im Sinnhaushalt der Gegenwart eine methodische Brücke: teilnehmende Beobachtung. In dieser (hermeneutischen) Teilnahme vergeht die vergangene Sinnbildung nicht, sondern bleibt, vermittelt durch die Subjektivität des Interpreten, lebendig. Assmann hat diese Art des historischen Denkens »Sinngeschichte« genannt. (Dazu: Assmann: Ägypten. Eine Sinngeschichte. 1996). Für das Christentum freilich ist der Exodus nicht so grandios und folgenreich wie die für ihn maßgebende Geschichte der Auferstehung. Der Exodus spielt im Neuen Testament nur eine beiläufige Rolle. Die Auferstehung unterscheidet sich von der Geschichte des Exodus dadurch, dass sie nicht als Mythos, sondern als reales Geschehen erzählt wird. (Dazu Essen: Historische Vernunft und Auferweckung Jesu. 1995.)

28  Siehe dazu Rüsen; Straub (Eds): Die dunkle Spur der Vergangenheit. 1998; Klüners: Geschichtsphilosophie und Psychoanalyse. 2013; ders.: Die Dialektik von Natur und Geschichte. 2014.

29  Sloterdijk: Regeln für den Menschenpark. 1999.

30  Neumann: Ursprungsgeschichte des Bewußtseins. 1986.

31  Ibid.

32  Freud: Das Ich und das Es. 2000.

33  Jung: Archetypen. 1990.

34  Neumann: Ursprungsgeschichte des Bewußtseins. 1986.

35  Weber: Die ›Objektivität‹ sozialwissenschaftlicher und sozialpolitischer Erkenntnis, 1968, S. 214.

36  Dazu Rüsen: Historik. 2013, S. 60.

37  Dazu Rüsen: Geschichtskultur, Bildung und Identität. 2020.

38  Dazu Rüsen: Wissenschaftskultur und Bildung, 2011.

39  Rüsen: Die vier Typen des historischen Erzählens, 2012. Ausführlicher werden diese Typen unten S. 52 f. dargestellt.

40  Dazu im Einzelnen Rüsen: Historisches Lernen – Grundriss einer Theorie, 2008.

41  Dazu Nida-Rümelin: Humanismus als Leitkultur. 2006.

42  1993; Regisseur: Steven Spielberg.

43  Butterfield: The Whig Interpretation of History. 1931.

44  »Wodurch hat man die Gnade Gottes verdient, so große und mächtige Dinge erleben zu dürfen? Und wie will man nachher leben?« (Brief an Hermann Baumgarten 27.1.1871; Heyderhoff: Deutscher Liberalismus im Zeitalter Bismarcks. 1967, S. 494.)

45  Brief an Manuel 1.4.1867 (Wagner: Gervinus über die Einigung Deutschlands, 1973, S. 376). Dazu Rüsen: Der Historiker als »Parteimann des Schicksals«, 1993.

46  Ranke: Über die Verwandtschaft und den Unterschied der Historie und der Politik, 1877, S. 288 f.

47  Zu Burckhardt siehe Rüsen: Konfigurationen des Historismus. 1993, S. 276–328 (»Der ästhetische Glanz der historischen Erinnerung«). Zu Nietzsche siehe Köhler: Der Wille zum Schein. 2019.

48  Burckhardt: Weltgeschichtliche Betrachtungen. 2018, S. 12.

49  Ebd., S. 12, 280.

50  Imdahl: Giotto. 1996, S. 437.

51  Kant: Metaphysik der Sitten (1797), A 93 f.

52  Weber: Die drei Typen der legitimen Herrschaft, 1968.

53  Assmann: Die mosaische Unterscheidung oder der Preis des Monotheismus. 2003.

54  Schleiermacher: Über die Religion. 1969. Siehe auch Sacks: The Dignity of Difference. 2003.

55  Hardtwig: Geschichtsreligion – Wissenschaft als Arbeit – Objektivität. 2005; Fleischer: Geschichtswissenschaft und Sinnstiftung. 1991.

56  Assmann: Exodus. 2025; Walzer: Exodus und Revolution. 1995.

57  Droysen hat diese Differenz klar gesehen und angesprochen. Erkenntnistheoretisch fasst er sie im Unterschied zwischen »wahr« und »richtig«. Wahrheit liegt in der kulturellen Orientierungsfunktion von Geschichte, Richtigkeit in ihrer empirischen Triftigkeit. [Droysen: Historik, Bd. 1, ed Leyh. 1977, S. 133.] Er legitimiert mit dieser Unterscheidung die historische Bedeutung nicht-faktischer Geschichte, weist ihre Berechtigung allerdings nur einer Stufe der Entwicklung des religiösen Bewusstseins zu.

58  Essen: Historische Vernunft und Auferweckung Jesu. 1995.

59  Bellah: Religiöse Evolution. 1973, S. 274.

60  Ebd., S. 298.

61  Eine andere Reaktion der Religion auf ihren Entwicklungsschub in die Transzendierungsleistung der modernen Kultur ist der Widerstand gegen die moderne Religionskritik. Diese geißelte die Grenzen menschlicher Freiheit durch den Herrschaftsanspruch religiöser Dogmatik im kulturellen Leben einer Gesellschaft. Durch diesen Widerstand wird die Religion fundamentalistisch und wirft einen Schatten der Modernisierung. Mit ihm wandeln sich religiöse Transzendierungschancen in irrationale Freiheitsverhinderungen. Neben dieser regressiven Form religiöser Transzendierung gibt es in der Moderne höchst wirkungsvolle Versuche einer nicht-religiösen, also innerweltlichen Transzendierung. Dafür seien beispielhaft Marxismus und Nationalsozialismus als Religionsersatz genannt. Mit ihrer innerweltlichen Wendung wird die Transzendenz destruktiv und inhuman.

# 6  Einschlagende Ereignisse: drei Typen historischer Kontingenzbewältigung

1  Z. B. Tu Weiming: Confucian Humanism as a Spiritual Resource for Gobal Ethics, 2009; Kim: A Common Framework for the Ethics of the 21$^{st}$ Century. 1999.

2  Dazu Rüsen: Zerbrechende Zeit. 2001. Ferner ders.: Humanismus als Antwort auf den Holocaust. 2008.

## 7 Die konstruierte Konstruktion der historischen Bedeutung

1 Droysen: Historik. 1977, S. 204 u. ö.

2 Weber: Die ›Objektivität‹ sozialwissenschaftlicher und sozialpolitischer Erkenntnis. 1968, S. 180.

3 Lamprecht: Paralipomena der deutschen Geschichte. 1910, S. 7.

4 Zu meiner eigenen generationellen Selbstverortung siehe: Rüsen: Looking back – a pensive balance, 2018.

5 Siehe Kap. 5, Anm. 22.

6 Humboldt: Über die Aufgabe des Geschichtsschreibers, 1960, S. 598 f.

7 Boeckh: Enzyklopädie und Methodenlehre der philosophischen Wissenschaften, 1966, S. 11.

8 Droysen: Historik. 1977, S. 409.

9 Ausführlicher zu diesen Aspekten der Geschichtsphilosophie siehe unten Abschnitt 9.

10 Gadamer: Wahrheit und Methode. 1960, S. 289.

11 Ricœur: Zeit und Erzählung, Bd. I: 1988, S. 88 ff. Siehe auch Rüsen: Historik. 2013, S. 90–96.

12 Auf diese Realität von Geschichte hat David Carr mehrfach und nachdrücklich hingewiesen: Carr: Die Realität der Geschichte. 1997; ders.: Experience and History. 2014.

13 Schema aus: Rüsen: Geschichte denken 2020, S. 153.

14 Ich greife den Terminus in der Bedeutung auf, die ihm vor allem Schelling gegeben hat. Er meint das vor allem Denken liegende Sein, das durch das Denken nicht eingeholt werden kann. Dieter Henrich hat den Terminus zur Interpretation der Hegelschen Ästhetik benutzt. Daran knüpfe ich an. Henrich: Kunst und Kunstphilosophie der Gegenwart. 1966, 2003; Rüsen: Die Vernunft der Kunst. 1976, S. 34. Eine ganz andere Bedeutung von ›unvordenklich‹ meint ›zeitlich sehr weit zurückliegend‹. Das ist hier nicht gemeint.

15 Weber: Wissenschaft als Beruf 1917/1919 – Politik als Beruf 1919. 1994, S. 6 f.

16 Dazu beispielsweise: Jannidis: Zwischen Autor und Erzähler. 2002.

## 8 Die Tiefe der Zeit im Geschehen der Vergangenheit: Geschichtsphilosophie

1 Jüttemann (Ed.): Entwicklungen der Menschheit. 2014.

2 Jaspers: Vom Ursprung und Ziel der Geschichte. 1963.

**3** Arnason; Eisenstadt; Wittrock (Eds.): Axial Civilisations and World History. 2005.

**4** Ein bemerkenswertes Beispiel ist: Christian: Maps of Time. 2004.

**5** Kant: Ideen zu einer allgemeinen Geschichte in weltbürgerlicher Absicht (1784), S. 34 (A 387).

**6** Herder: Ideen zur Philosophie der Geschichte der Menschheit. 2002, S. 17–184.

**7** Siehe dazu vor allem die Arbeiten von Günter Dux: Historisch-genetische Theorie der Kultur. 2000; ders.: Wie der Sinn in die Welt kam und was aus ihm wurde, 1997.

**8** Dazu klassisch Humboldt: Betrachtungen über die bewegenden Ursachen der Weltgeschichte, 1960.

**9** Koselleck: Historik und Hermeneutik, 2000.

**10** Dazu ausführlicher: Rüsen: Historik. 2013, S. 116–117. Ich habe die Freud'sche Dichotomie von Eros und Thanatos hinzugefügt.

**11** Freud: Das Ich und das Es (1923). 2000, S. 273–330, bes. S. 307–314.

**12** Danto: Analytische Philosophie der Geschichte. 1974; in radikaler Zuspitzung auf eine Poetik des historischen Erzählens White: Metahistory [1973, 1991]. Dazu Rüsen: A Turning Point in Theory of History. 2020.

**13** Goethe: Faust I, V. 682–683.

**14** Cicero: De oratore II,36. »Historia vero testis temperorum, lux veritatris, vita memoriae, magistra vitae, nuntia vetustatis« [Vom Gang der Zeiten Zeugnis, das Licht der Wahrheit, die lebendige Erinnerung, Lehrmeisterin des Lebens, Künderin von alten Zeiten] Ciceco: Der oratore. 2004, S. 228 f.

**15** Koselleck: Historia magistra vitae. 1979.

**16** Dazu Schott, R.: Das Geschichtsbewußtsein schriftloser Völker, 1968, S. 166–205; Müller, K. E.: Prähistorisches Geschichtsbewußtsein; ders.: Die fünfte Dimension. 1999; ders.: Sein ohne Zeit, 2003.

**17** So bei Krameritsch, J.: Geschichte(n) im Netzwerk. 2007.

**18** Sochatzy, F.; Ventzke, M. (Eds): mBook Geschichte – Geschichte denken statt pauken. 2018.

**19** Assmann, A.: Erinnerungsräume. 1999.

**20** Dazu Assmann, A.; Frevert, U.: Geschichtsvergessenheit – Geschichtsversessenheit. 1999.

**21** Dazu Müller, K.E. (Ed.): Menschenbilder früher Gesellschaften. 1983, Einführung S. 58, 135, 319 u. ö.; Antweiler: Was ist den Menschen gemeinsam? 2009; S. 188 verweist auf die »verbreiteten Eigenbezeichnungen von Ethnien (Ethnonym) als ›Menschen‹, während Mitglieder anderer Gruppen als Fast-Tiere, Nichtmenschen, schlechtere, unvollkommene oder sonst wie besondere Menschen gesehen werden«. Weitere Beispiele: Die Dongria Kodh – Ureinwohner in Indien – nennen sich »erste Menschen« [Die Zeit Nr. 42, 13. 10. 2011, S. 8]. Noch die Griechen hielten sich für die eigentlichen Menschen. Die anderen wurden hinsichtlich ihres Vernunftvermögens als defizitär angesehen [Flaig, E.: An der sozialen Grenze des Menschseins in der griechischen Klassik. 2005, S. 657.

**22** Rüsen: Interkultureller Humanismus, 2016; ders.: Menschsein. Grundlagen, Geschichte und Diskurse des Humanismus. 2020.

**23** Humboldt: Über den Geist der Menschheit, 1960.

**24** Zu dieser Erfahrung siehe die eindrucksvolle Beschreibung bei Leopold von Ranke, siehe unten, Kap. 9, Anm. 5.

## 9 Sinn und Widersinn

**1** Im folgenden Text greife ich auf Überlegungen zurück, die ich schon anderwärts vorgelegt habe: Sinn und Widersinn – Überlegungen zur Kontur der Geschichtsphilosophie, 2014, 2020.

**2** Vgl. Huang, Ch.: Humanism in East Asian Confucian Contexts, 2010, S. 119 f.

**3** Herder, J. G.: Ideen zur Philosophie der Geschichte der Menschheit 2002, S. 313. Siehe auch: »Man rechne die Zeitalter des Glücks und Unglücks der Völker ... zusammen: Welche ungeheure Negative wird man zusammenzählen!« (ebd., S. 579).

**4** Hegel, G. F. W.: Die Vernunft in der Geschichte, 1955, S. 79.

**5** Ranke, L. v.: Vorlesungseinleitungen, 1975, S. 185 f.

**6** Ebd., S. 124 f.

**7** Diner, D.: Zwischen Aporie und Apologie. 1987.

**8** Ebd., S. 72.

**9** Lanzmann C.: Shoah, 1988, S. 193. Zur Kritik siehe Friedländer, S.: Erzählen, Erklären. 2016, S. 78 f.

**10** Ich würde daher Saul Friedländers These, die Shoah gehöre niemanden (S. 225), ergänzen und behaupten, sie gehöre, wenn überhaupt, der Menschheit. Friedländer selber sagt es: sie gehört »allen« (S. 226).

**11** Ebd., S. 219 f.

**12** Siehe Welzer, H.: Täter. 2005.

**13** Friedländer, S.: Nazi Germany and the Jews. 1997; 2007; Deutsch: Friedländer: Das Dritte Reich und die Juden. 1. Bd.: Die Jahre der Verfolgung 1933 – 1939. 1998; Die Jahre der Vernichtung. Das Dritte Reich und die Juden, 2. Bd.: 1939 – 1945. 2006.

14  Friedländer, Saul: Erzählen, Erklären. Ein Gespräch mit Stéphane Bou. 2019, S. 169.

15  Ebd., S. 179.

## 10  Unvordenkliches im Sinngeschehen des historischen Denkens

1  Schleiermacher, F.: Der christliche Glaube nach den Grundsätzen der evangelischen Kirche im Zusammenhang dargestellt, 1910, S. 642, 660.

2  Dazu Jaeger, F.; Rüsen, J.: Geschichte des Historismus. 1992; Rüsen, J.: Konfigurationen des Historismus. 1993.

3  Siehe Girard, R.: Hiob – ein Weg aus der Gewalt. 1999; ders.: Der Sündenbock. 1999.

4  Weber, M.: Wissenschaft als Beruf 1917/1919, Politik als Beruf 1919. 1994, S. 6f.

5  Lessing, G. E.: Eine Duplik. 1979, S. 33.

6  Johannes 14,5.

7  Johannes 8,32.

8  Philipper 3,20–21 [Luther]: Wir auch erwarten den Heiland, den Herrn Jesus Christus, der unsern nichtigen Leib verwandeln [meta-schematizein] wird, daß er gleich werde seinem verherrlichten Leibe nach der Kraft, mit der er sich alle Dinge untertan machen kann.

9  Apokalypse 7,16–17 [Luther]: Sie werden nicht mehr hungern noch dürsten; es wird auch nicht auf ihnen lasten die Sonne oder irgendeine Hitze; […] und Gott wird abwischen alle Tränen von ihren Augen.

10  So vor allem bei Küng und seiner These vom Weltethos und der moralischen Substanz aller Religionen (Küng: Projekt Weltethos. 2006).

## 11  Licht ins Dunkel der Zukunft: Hinweise auf ein zukunftsfähiges historisches Denken

1  Krameritsch, J.: Geschichte(n) im Netzwerk. 2007.

2  Siehe dazu die Arbeiten von Günter Dux, zuletzt: Geist als humane Lebensform – wie er in die Welt kam, 2019.

3  Siehe Bostroem: Superintelligenz. 2016.

4  Kap. 5, Anm. 35.

5  Ein Beispiel: Lal: World History and Politics, 2011.

**6** Im Zeichen des Postkolonialismus kehrt sich diese Selbstüberhebung des Westens inzwischen in sein Gegenteil. Dadurch werden allerdings die ethnozentrischen Elemente des historischen Denkens nicht überwunden oder gar aufgehoben.

**7** Z.B. bei Kim: An Alliance for Global Common Values. [8.3.2020]

## Anhang:
## Modelle der Geschichtstheorie: Humboldt – Droysen – White

### Hermeneutik der Individualität: Wilhelm von Humboldt

**1** Dazu Décultot; Fulda (Eds): Sattelzeit. 2016.

**2** Dazu Anrich, Ernst (Ed.): Die Idee der deutschen Universität. Die fünf Grundschriften aus der Zeit ihrer Neubegründung durch klassischen Idealismus und romantischen Realismus. Darmstadt: Wissenschaftliche Buchgesellschaft 1964 (mit den entsprechenden Texten von Humboldt und Schleiermacher).

**3** Droysen, Johann Gustav: Historik. Teilband 2.1. Texte im Umkreis der Historik. Stuttgart – Bad Cannstatt: fromann-holzboog 2007, S. 236.

**4** Droysen, Johann Gustav: Historik. Historisch-kritische Ausgabe, ed. Peter Leyh. Bd. 1. Stuttgart – Bad Cannstatt: Frommann-Holzboog 1977, S. 419.

**5** In: Humboldt, Wilhelm von: Werke in fünf Bänden, ed. Andreas Flitner u. Klaus Giel, Bd. 1: Schriften zur Anthropologie und Geschichte. Darmstadt: Wissenschaftliche Buchgesellschaft 1960, S. 234–240.

**6** Ebd., S. 337–375.

**7** Ebd., S. 506–518.

**8** Ebd., S. 567–584.

**9** Ebd., S. 578–584.

**10** Ebd., S. 585–606.

**11** Schlözer: Vorstellung seiner Universal-Historie (1772/73), 1990, S. 14 ff.

**12** Humboldt, Wilhelm von: Über den Geist der Menschheit, 1960, S. 506–507.

**13** Ebd., S. 515.

**14** Es lag dann nahe, die für diese geistige Formung der menschlichen Welt als Kultur zuständigen Wissenschaften »Geisteswissenschaften« zu nennen. Droysen hat diesen Terminus m. W. zuerst geprägt. Humboldt nennt sie (mit dem heutigen Namen) »die Kulturwissenschaften«, allerdings versieht er sie mit dem Adjektiv »humanistisch«, was heute mit post-humanem oder post-humanistischem Pathos zurückgewiesen wird. (Über das Studium des Altertums, und des griechischen insbesondere, in: Werke, ed. Andreas Flitner und Klaus Giel, Bd. 2: Schriften zur Altertumskunde und Ästhetik. Die Vasken. 1961, S. 1.

**15** Humboldt, Wilhelm von: Über die Aufgabe des Geschichtsschreibers. 1960, S. 605.

**16** Theorie der Bildung des Menschen. 1960, S. 235 f.

**17** Dazu Reill: The German Enlightenment and the Rise of Historicism. 1975; id.: Science and the Science of History in the Spätaufklärung, 1986, S. 430–451.

**18** Theorie der Bildung des Menschen, S. 235 f.

**19** Humboldt, Wilhelm von: Über die innere und äußere Organisation der höheren wissenschaftlichen Anstalten in Berlin. 1961, S. 256.

**20** Dazu Rüsen, Jörn: Wissenschaftskultur und Bildung. 2011.

**21** Schiller hat in seiner Antrittsvorlesung als Geschichtsprofessor in Jena 1789 über »Was heißt und zu welchem Ende studiert man Universalgeschichte« diesen Unterschied als einen zwischen philosophischem Kopf und Brotgelehrten an den Anfang seiner Überlegungen gestellt.

**22** Über die Aufgabe des Geschichtschreibers, S. 596 f.

**23** Dazu Joas, Hans: Die Sakralität der Person. 2015.; ders.: Die Macht des Heiligen. 2019.


## Praktische Vernunft im Umgang mit Geschichte: Johann Gustav Droysen

**1** Vorlesungen 1809 and 1865. Boeckh, August: Enzyklopädie und Methodenlehre der philologischen Wissenschaften. 1966.

**2** Droysen: Vorlesungen über das Zeitalter der Freiheitskriege. 1886, S. 4 f.

**3** Droysen: Historik, ed. Leyh, 1977, S. 236.

**4** Ebd., S. 59 f.

**5** Ebd., S. 69.

**6** Leyh, Peter: Vorwort des Herausgebers, in: id.: Droysen: Historik. 1977, S. IX.

**7** Droysen, Johann Gustav: Grundriss der Historik. Leipzig: Veit (1. Aufl.) 1858, (2. Aufl.) 1862, (3. Aufl.) 1868.

**8** Outline of the principles of History. Boston 1893, Reprint New York 1967, London: Forgotten Books 2015.

**9** Precis de la Science de l'Histoire. Paris 1887; Paris, Le Cerf (Coll. »Humanités«), 2002.

10  Compendio di Istorica (1857 o 1858. Prima versione manoscritta completa, in: Archivio di Storia della Cultura 2 (1989), S. 325-339.

11  Shigaku kōyō [史学綱要] [Essences of Historical Scholarship] by KANBA Toshio (樺俊雄). Tokio: Toko shoin 刀江書院1937. (Ich danke Masayuki Sato für seine Hilfe bei der Beschaffung dieser Information.)

12  Bernheim: Lehrbuch der Historischen Methode und der Geschichtsphilosophie. 1908. Siehe Assis: Schemes of Historical Method in the Late 19th Century. Cross-References, 2015.

13  Das Gleiche gilt für das französische Äquivalent zu Bernheims »Lehrbuch«: Langlois; Seignobos: Introduction aux études historique. 1898; 1992.

14  Geschichte der preußischen Politik. Bd. 1: 1868, S. 3.

15  Siehe Rüsen: Historik. 2013, S. 94.

16  Vorlesungen über das Zeitalter der Freiheitskriege. 1886.

17  Das Leben des Feldmarschalls Grafen York von Wartenburg. 1854.

18  Droysen: Historik. Vorlesungen über Enzyklopädie und Methodologie der Geschichte, ed. Rudolf Hübner. 1960.

19  Droysen: Historik. ed. Peter Leyh.; ders.: Historik. Teilband 2.1: 2007; ders.: Historik. Teilband 2.2: 2007: ders.: Historik. Teilband 3.1: 2019

20  Hu (Übersetzer): J.G. Droysen: Lishi zhishi lilun (歷史知識理論), Beijing University Press 2006.

21  White: Droysen's Historik. 1980. Siehe auch Assis: What is History for? 2014.

22  Eine ausführliche Erörterung dieser verschiedenen Logiken des Erklärens findet sich in: Rüsen: Rekonstruktion der Vergangenheit. 1986, S. 22-46; in zusammengefasster Form auch in: Rüsen: Historik. 2013, S. 115-124.

23  Ebd., S. 475

24  Ebd., S. 294, 411.

25  Ebd., S. 442.

### Ein Wendepunkt der Historik: Hayden White

1  Dazu beispielsweise: Quirin: Liu Zhiji und das Chun Qiu. 1987; Vogelsang: Geschichte als Problem. 2007.

2  Chladenius: Allgemeine Geschichtswissenschaft. 1985.

3  »Die Dichtung [ist] philosophischer und bedeutender als die Geschichtsschreibung. Denn die Dichtung redet mehr vom Allgemeinen, die Geschichtsschreibung vom Besonderen.« Aristoteles: Poetik, 1451b [Poetik. 1961, S. 39.].

**4** Z.B.: Zeitschrift für Geschichtswissenschaft 1844, Historische Zeitschrift 1859, The American Historical Review 1884, The English Historical Review 1886.

**5** Ranke: Zur Kritik neuerer Geschichtsschreiber. 1874, p. VII.

**6** Eine persönliche Erfahrung möge das belegen: Im Sommersemester 1991 hielt ich einige Vorlesungen an der Karnataka University in Dharwad (Indien). Mein indischer Kollege bat mich darum, seine Vorlesung über Einführung in die Geschichte zu übernehmen. Ich sollte erklären, was es bedeutet, wenn Historiker sagen »wie es eigentlich gewesen« (er zitierte Ranke in Deutsch).

**7** Ranke: Zur Kritik neuerer Geschichtsschreiber. 1874.

**8** Ranke: Geschichten der romanischen und germanischen Völker von 1494 bis 1514. 1874.

**9** Zur Kritik (Anm. 247), S. 24. Dass die Rhetorik dem Gesichtspunkt der kognitiven Wahrheit zu folgen habe, wird schon bei Chladenius erwähnt [Chladenius: Allgemeine Geschichtswissenschaft. 1985, S. XX and 19 ff.

**10** Bernheim: Lehrbuch der Historischen Methode und der Geschichtsphilosophie. 1908 (erste Aufl. Leipzig 1889, 1960).

**11** Langlois; Seignobos: Introduction aux études historique. 1898, 1992; dazu: Torstendahl: Fact, Truth, and Tex. 2003; Assis: Schemes of Historical Method in the Late 19th Century. 2015.

**12** Dazu Koselleck: Vergangene Zukunft. 1979.

**13** Ein Beispiel dafür ist die idealistische Geschichtsphilosophie, die den Historismus des 19. Jahrhunderts stark beeinflusst hat. Dazu Rüsen: Idealism in the German tradition of meta-history. 2013.

**14** Danto: Analytical Analytical Philosophy of History. 1968 (1. Aufl. 1965).

**15** White: Metahistory. 1973.

**16** Gervinus: Grundzüge der Historik (1837), 1962, S. 48–103.

**17** Ein typisches Dokument dieses Verständnisses von Erzählung ist Kocka: Zurück zur Erzählung? 1989.

**18** Dazu Rüsen: Topik und Methodik 2011; Epple: Die Autonomie der Kunst und die Wahrheit der Geschichtsschreibung. 2011.

**19** Wilhelm Bauer z.B. beschränkte in seiner viel zitierten »Einführung in das Studium der Geschichte« (1961) die historische Methode ganz auf die Quellenkritik. Darstellung war für ihn nur eine Angelegenheit von stilistischen Ausdrucksmitteln (S. 340 ff.).

**20** Ranke: Vorlesungs-Einleitungen, 1975, S. 72 ff.

**21** Dazu Rüsen: Droysen heute. 2006; ders.: Konfigurationen des Historismus. 1993, S. 226–275.

**22** Hayden White bemerkte in seiner Besprechung von Leyhs kritischer Ausgabe von Droysens Historik (Droysen's *Historik:* Historical Writing as a Bourgeois Science. 1980): dass die »historische Diskussion« als Form der Geschichtsschreibung die höchste ist, verglichen mit der »untersuchenden«, der »erzählenden« und der »didaktischen« (S. 91). Ich glaube demgegenüber, dass der didaktischen eine höhere Bedeutung zukommt, denn sie bezieht sich auf die Menschheit – das Kernstück der Geschichte mit dem Hauptziel der Selbsterkenntnis. Die anderen Formen der Geschichtsschreibung repräsentieren nur Aspekte dieser Erkenntnis – »Die Geschichte ist das gnothi sauton der Menschheit, ihr Gewissen« (Droysen: Historik 2007, S. 442).

**23** Droysen: Historik. 2007, S. 86.

# VERZEICHNIS DER ZITIERTEN LITERATUR

Angehrn, Emil: Sinn und Nicht-Sinn. Das Verstehen des Menschen. Tübingen: Mohr Siebeck 2010.
Anrich, Ernst (Ed.): Die Idee der deutschen Universität. Die fünf Grundschriften aus der Zeit ihrer Neubegründung durch klassischen Idealismus und romantischen Realismus. Darmstadt: Wissenschaftliche Buchgesellschaft 1964
Antweiler, Christoph: Mensch und Weltkultur. Für einen realistischen Kosmopolitismus im Zeitalter der Globalisierung. Bielefeld: transcript 2011
Antweiler, Christoph: Was ist den Menschen gemeinsam? Über Kultur und Kulturen. Darmstadt: Wissenschaftliche Buchgesellschaft 2. Aufl. 2009.
Aristoteles: Poetik, übersetzt von Olof Gigon. Stuttgart: Reclam 961
Aristoteles: Metaphysik, übers. Hermann Bonitz. Reinbek: Rowohlt 1966.
Aristoteles: Nikomachische Ethik, übers. Franz Dirlmeier. 3. Aufl. Darmstadt: Wissenschaftliche Buchgesellschaft 1964.
Arnason, Johann P.; Eisenstadt, Shmuel N.; Wittrock, Björn (Eds.): Axial Civilisations and World History. Leiden: Brill 2005.
Assis, Arthur Alfaix: What is History for? Johann Gustav Droysen and the Functions of Historiography. New York: Berghahn Books 2014.
Assis, Arthur Alfaix: Schemes of Historical Method in the Late 19th Century. Cross-References, in: Fernandes, Luiz de Oliveira; Pereira, Luisa Rauter; da Mata Sergio (Eds): Contributions to Theory and Comparative History of Historiography. German and Brazilian Perspectives. Frankfurt am Main: Peter Lang 2015, S. 105–127.
Assmann, Aleida: Erinnerungsräume. Formen und Wandlungen des kulturellen Gedächtnisses. München: C.H. Beck 1999.

Assmann, Aleida; Frevert, Ute: Geschichtsvergessenheit – Geschichtsversessenheit. Vom Umgang mit deutschen Vergangenheiten nach 1945. Stuttgart: Deutsche Verlagsanstalt 1999.
Assmann, Jan: Ägypten. Eine Sinngeschichte. München: Carl Hanser Verlag 1996
Assmann, Jan: Die mosaische Unterscheidung oder der Preis des Monotheismus. München: Hanser 2003.
Assmann, Jan: Exodus. Die Revolution der Alten Welt. München: C.H. Beck 2015.
Augustinus: Confessiones, Bekenntnisse. München: Kösel. 2. Aufl., 1960.
Bauer, Wilhelm: Einführung in das Studium der Geschichte. 2. Aufl., Frankfurt am Main: Minerva 1961
Bellah, Robert N.: Religiöse Evolution, in: Seyfarth, Constans; Sprondel, Walter M. (Eds): Seminar: Religion und gesellschaftliche Entwicklung. Studien zur Protestantismus-Kapitalismus-These Max Webers. Frankfurt am Main: Suhrkamp 1973, S. 267–312.
Berger, Peter L.: Sehnsucht nach Sinn. Glauben in einer Zeit der Leichtgläubigkeit. Gütersloh: Güterlohjer Verlagshaus 1999.
Berger, Stefan (Ed.): Constructing Industrial Pasts. Heritage, Historical Culture in Regions Undergoing Structural Economic Transformation. New York, Oxford: Berghahn 2020
Berger, Peter L.; Luckmann, Thomas: Modernität, Pluralismus und Sinnkrise. Die Orientierung des modernen Menschen. Gütersloh: Verlag Bertelsmann Stiftung 1995, 3. Aufl. 1998.
Bernheim, Ernst: Lehrbuch der Historischen Methode und der Geschichtsphilosophie. Mit Nachweis der wichtigsten Quellen und Hülfsmittel zum Studium der Geschichte, 5./6. Aufl. Leipzig: Duncker & Humblot 1908 (erste Aufl. Leipzig 1889 unter dem Titel: Lehrbuch der Historischen Methode), Reprint New York 1960.
Biller, Karlheinz: Habe Sinn und wisse Sinn zu wecken! Sinntheoretische Grundlagen der Pädagogik. Hohengehren: Schneider 1991
Boeckh, August: Enzyklopädie und Methodenlehre der philosophischen Wissenschaften, ed. E. Bratuschek. Leipzig $^2$1886 [Neudruck des ersten Hauptteils. Darmstadt: Wissenschaftliche Buchgesellschaft 1966]
Borchmeyer, Dieter: Was ist deutsch? Die Suche einer Nation nach sich selbst. Berlin: Rowohlt 2017.
Bostroem, Nick: Superintelligenz. Szenarien einer kommenden Revolution. Berlin: Suhrkamp 2016.
Braungart, Georg: Leibhafter Sinn. Der andere Diskurs der Moderne. Tübingen: Max Niemeyer 1995

Bruner, Gerome S.: Sinn, Kultur und Ich-Identität. Zur Kulturpsychologie des Sinns. Heidelberg: Carl Auer-Systeme 1997
Burckhardt, Jacob: Weltgeschichtliche Betrachtungen. Mit einem Nachwort von Jürgen Osterhammel. München: C. H. Beck 2018.
Butterfield, Herbert: The Whig Interpretation of History. London: Bell 1931.
Carr, David: Experience and History. Phenomenological Perspectives on the Historical World. Oxford: Oxford University Press 2014.
Carr, David: Die Realität der Geschichte, in: Müller, Klaus E.; Rüsen, Jörn (Eds.): Historische Sinnbildung. Problemstellungen, Zeitkonzepte, Wahrnehmungshorizonte, Darstellungsstrategien. Reinbek: Rowohlt 1997, S. 309–327.
Chladenius, Johann Martin: Allgemeine Geschichtswissenschaft. Leipzig 1752, Reprint: Wien, Köln, Graz: Böhlau 1985
Christian, David: Maps of Time. An Introduction to Big History. Berkeley: University of California Press 200.
Cicero, Marcus Tullius: Der oratore, Über den Redner. Stuttgart: Reclam. 4. Aufl. 2004.
Danto, Arthur C.: Analytische Philosophie der Geschichte. Frankfurt am Main: Suhrkamp 1974.
Danto, Arthur: Analytical Analytical Philosophy of History. Cambridge: Cambridge University Press 1968 (first ed. 1965).
Décultot, Elisabeth; Fulda, Daniel (Eds): Sattelzeit. Historiographiegeschichtliche Revisionen. Berlin: Oldenbourg 2016
Diner, Dan: Zwischen Aporie und Apologie. Über Grenzen der Historisierbarkeit des Nationalsozialismus, in: ders. (Ed.): Ist der Nationalsozialismus Geschichte? Zu Historisierung und Historikerstreit. Frankfurt am Main: Fischer Taschenbuch 1987, S. 62–73
Droysen, Johann Gustav: Compendio di Istorica (1857 o 1858). Prima versione manoscritta completa, in: Archivio di Storia della Cultura 2 (1989), pp. 325–339.
Droysen, Johann Gustav: Das Leben des Feldmarschalls Grafen York von Wartenburg. 3 Bde. Berlin: Veit 1851–1852; 2. Aufl. 2 Bde. Berlin: Veit 1854.
Droysen, Johann Gustav: Geschichte der preußischen Politik. Vol. 1: Die Gründung. Leipzig: Veit, 2. Aufl. 1868.
Droysen, Johann Gustav: Grundriss der Historik. Leipzig: Veit (1. Aufl.) 1858, (2. Aufl.) 1862, (3. Aufl.) 1868.

Droysen, Johann Gustav: Historik. Vorlesungen über Enzyklopädie und Methodologie der Geschichte, ed. Rudolf Hübner. 4. Aufl. Darmstadt: Wissenschaftliche Buchgesellschaft 1960

Droysen, Johann: Historik, historisch-kritische Ausgabe von Peter Leyh, Bd. 1. Stuttgart – Bad Cannstatt: Fromann-Holzboog 1977.

Droysen, Johann: Historik. Teilband 2.1: Texte im Umkreis der Historik, ed. Horst Walter Blanke. Stuttgart – Bad Cannstatt: Fromann-Holzboog 2007.

Droysen, Johann Historik: Teilband 2.2: Texte im Umkreis der Historik, ed. Horst Walter Blanke. Stuttgart – Bad Cannstatt: Fromann-Holzboog 2007.

Droysen, Johann: Historik. Historisch-krititsche Ausgabe von Peter Leyh und Host Walter Blanke. Vol. 3: Teilband 3.1: Die Historik-Vorlesungen »letzter Hand«. Aus den spätesten auto- und apographischen Überlieferungen (1879, 1881 und 1882/83). Unter Berücksichtigung der Vorarbeiten von Peter Leyh herausgegeben von Host-Walter Blanke. Stuttgart – Bad Cannstatt: Fromann-Holzboog 2019.

Droysen, Johann Gustav: Outline of the principles of History. Boston 1893, Reprint New York 1967, Londin: Forgotten Books 2015.

Droysen, Johann Gustav: Precis de la Science de l'Histoire. Paris 1887; Paris, Le Cerf (Coll. »Humanités«), 2002.

Droysen, Johann Gustav: Shigaku kōyō [史学綱要] [Essences of Historical Scholarship] by KANBA Toshio (樺俊雄). Tokio: Toko shoin 刀江書院 1937.

Droysen, Johann Gustav: Vorlesungen über das Zeitalter der Freiheitskriege. Kiel: 1846, 2. Aufl. Gotha 1886.

Dux, Günter: Geist als humane Lebensform – wie er in die Welt kam, in: Glitza, Ralf; Liggeri, Kevin (Eds): Kultur und Bildung. Die Geisteswissenschaften und der Zeitgeist des Naturalismus. Freiburg, München: Karl Alber 2019, S. 169–187.

Dux, Günter: Historisch-genetische Theorie der Kultur. Instabile Welten. Zur prozessualen Logik im kulturellen Wandel. Weilerswist. Velbrück Wissenschaft 2000.

Dux, Günter: Wie der Sinn in die Welt kam, und was aus ihm wurde, in: Müller, Klaus E.; Rüsen, Jörn (Eds): Historische Sinnbildung. Problemstellungen, Zeitkonzepte, Wahrnehmungshorizonte, Darstellungsstrategien. einbek bei Hamburg: Rowohlt Taschenbuch 1997, S. 195–217

Eliade, Mircea: Das Heilige und das Profane. Vom Wesen des Religiösen. Hamburg: Rowohlt Taschenbuch Verlag 1957.

Epple: Die Autonomie der Kunst und die Wahrheit der Geschichtsschreibung, in: Internationales Archiv für Sozialgeschichte der deutschen Literatur (IASL). Band 36, 2011, Heft 1, S. 2011.

Essen, Georg: Historische Vernunft und Auferweckung Jesu. Theologie und Historik im Streit um den Begriff geschichtlicher Wirklichkeit. Mainz: Matthias Grünewald 1995.

Fellmann, Ferdinand: Orientierung Philosophie. Was sie kann, was sie will. Reinbek: Rowohlt 1998.

Flaig, Egon: An der sozialen Grenze des Menschseins in der griechischen Klassik. Wie man Sklaven zu Untermenschen macht, in: Stagl, Justin; Reinhard, Wolfgang (Eds): Grenzen des Menschseins. Probleme einer Definition des Menschlichen. Köln Böhlau 2005, S. 639–662.

Fleischer, Dirk: Geschichtswissenschaft und Sinnstiftung. Über die religiöse Funktion des historischen Denkens in der deutschen Spätaufklärung, in: Blanke, Horst Walter, Fleischer, Dirk (Eds): Aufklärung und Historik. Aufsätze zur Entwicklung der Geschichtswissenschaft, Kirchengeschichte und Geschichtstheorie in der deutschen Aufklärung. Waltrop: Spenner 1991, S. 173–201.

Freud, Sigmund: Das Ich und das Es. Leipzig, Wien und Zürich: Internationaler Psychoanalytischer Verlag 1923 [Studienausgabe, Band II: Psychologie des Unbewussten. Frankfurt am Main: Fischer Taschenbuchverlag 2000, S. 273–330.

Friedländer, Saul: Erzählen, Erklären. Gespräche mit Stéphane Bou. Zürich: Kampa 2016.

Friedländer, Saul: Nazi Germany and the Jews. Vol. 1: The Years of Persecution, 1933–1939. New York: Harper Collins 1997; Vol. 2: The Years of Extermination: Nazi Germany and the Jews, 1939–1945. New York: Harper Collins 2007; Deutsch: Friedländer, Saul: Das Dritte Reich und die Juden. 1. Bd.: Die Jahre der Verfolgung 1933–1939. München: C. H. Beck 1998; Die Jahre der Vernichtung. Das Dritte Reich und die Juden, 2. Bd.: 1939–1945. München: Beck 2006

Gadamer, Hans Georg: Wahrheit und Methode. Grundzüge einer philosophischen Hermeneutik. Tübingen: Mohr Siebeck 1960.

Gervinus, Georg Gottfried: Grundzüge der Historik (1837), in: ders.: Schriften zur Literatur, ed. Gotthard Erler. Berlin: Aufbau 1962, S. 48–103.

Girard, René: Das Heilige und die Gewalt. Frankfurt am Main: Fischer Taschenbuch 3. Aufl. 1999.

Girard, René. Hiob – ein Weg aus der Gewalt. Zürich, Düsseldorf: Benzinger 1999.

Girard, René: Der Sündenbock. Zürich, Düsseldorf: Benzinger 1999.
Gschwandtner, Harald: Ekstatisches Erleben. Neomystische Konstellationen bei Robert Musil. München: Fink 2013.
Habermas, Jürgen: Auch eine Geschichte der Philosophie. Band 2: Vernünftige Freiheit. Spuren des Diskurses über Glauben und Wissen. Berlin: Suhrkamp 2019.
Hardtwig, Wolfgang: Geschichtsreligion – Wissenschaft als Arbeit – Objektivität. Der Historismus in neuerer Sicht, in: HZ 252 (1991), 1–32, auch in: ders.: Hochkultur des bürgerlichen Zeitalters. (Kritische Studien zur Geschichtswissenschaft, Bd. 169) Göttingen: Vandenhoeck & Ruprecht 2005, S. 51–76
Hegel, Georg Wilhelm: Die Vernunft in der Geschichte, ed. J. Hoffmeister, Hamburg: Meiner $^5$1955,
Heidegger, Martin: Sein und Zeit. Tübingen: Niemeyer 11. Aufl. 1967.
Henrich, Dieter: Kunst und Kunstphilosophie der Gegenwart. Überlegungen mit Rücksicht auf Hegel, in: Iser, Wolfgang (Ed.): Immanente Ästhetik, Ästhetische Reflexion, Lyrik als Paradigma der Moderne. München: Fink 1966, auch in: ders: Fixpunkte. Aufsätze und Essays zur Theorie der Kunst. Frankfurt am Main: Suhrkamp 2003.
Herder, Johann Gottfried: Ideen zur Philosophie der Geschichte der Menschheit. Text (Werke, ed. Wolfgang Pross, Bd. II/1). München: Hanser 2002
Herodot: Historien übersetzt von A. Horneffer. Stuttgart: Kröner, 2. Aufl. 1959,
Heyderhoff, Julius: Deutscher Liberalismus im Zeitalter Bismarcks. Eine politische Briefsammlung. Band 1: Die Sturmjahre der preußisch-deutschen Einigung 1859–1870. Politische Briefe aus dem Nachlaß liberaler Parteiführer. Osnabrück: Biblio Verlag 1967
Hölkeskamp Karl-Joachim; Rüsen, Jörn; Stein-Hölkeskamp, Elke; Grütter, Heinrich Theodor (Eds): Sinn (in) der Antike. Orientierungssysteme, Leitbilder und Wertkonzepte im Altertum. Mainz: Philipp von Zabern 2003.
Hölscher, Lucian: Protestantische Frömmigkeit in Deutschland – zwischen Reformation und säkularer Gesellschaft. Freiburg, Basel, Wien: Herder 2017,
Hofmannsthal, Hugo von: Brief des Lord Chandos an Francis Bacon, in: Gesammelte Werke in Einzelausgaben. Prosa II. Ed. Herbert Steiner. Frankfurt am Main: S. Fischer 1976. S. 7–20 (https://gutenberg.spiegel.de/buch/ein-brief-997/1 [21-7-2019]).

Hu, Changtze (Übersetzer), J.G. Droysen: Lishi zhishi lilun
(歷史知識理論), Beijing University Press 2006.

Huang, Chun-Chieh: Humanism in East Asian Confucian Contexts, Bielefeld: Transcript 2010

Humboldt, Wilhelm von: Betrachtungen über die bewegenden Ursachen der Weltgeschichte, in: ders.: Werke, ed. Andreas Flitner u. Klaus Giel, Bd. I: Schriften zur Anthropologie und Geschichte. Darmstadt: Wissenschaftliche Buchgesellschaft 1960, S. 578–584.

Humboldt, Wilhelm von: Plan einer vergleichenden Anthropologie, in: Werke, ed. Andreas Flitner u. Klaus Giel, Bd. I: Schriften zur Anthropologie und Geschichte. Darmstadt: Wissenschaftliche Buchgesellschaft 1960, S. 337–375.

Humboldt, Wilhelm von: Über das Studium des Altertums, und des griechischen insbesondere, in: Werke, ed. Andreas Flitner und Klaus Giel, Bd. 2: Schriften zur Altertumskunde und Ästhetik. Die Vasken. Darmstadt: Wissenschaftliche Buchgesellschaft 1961, S. 1–24

Humboldt, Wilhelm von: Über den Geist der Menschheit, in: Werke, ed. Andreas Flitner u. Klaus Giel, Bd. I: Schriften zur Anthropologie und Geschichte. Darmstadt: Wissenschaftliche Buchgesellschaft 1960, S. 506–518.

Humboldt, Wilhelm von: Betrachtungen über die Weltgeschichte, in: Werke, ed. Andreas Flitner u. Klaus Giel, Bd. I: Schriften zur Anthropologie und Geschichte. Darmstadt: Wissenschaftliche Buchgesellschaft 1960, S. 567–577.

Humboldt, Wilhelm von: Betrachtungen über die bewegenden Ursachen in der Weltgeschichte, in: Werke, ed. Andreas Flitner u. Klaus Giel, Bd. I: Schriften zur Anthropologie und Geschichte. Darmstadt: Wissenschaftliche Buchgesellschaft 1960, S. 578–584

Humboldt, Wilhelm von: Briefe. München: Hanser 1952

Humboldt, Wilhelm von: Gesammelte Schriften. Ausgabe der preussischen Akademie der Wissenschaften. Bde. I–XVII, Berlin 1903–36.

Humboldt, Wilhelm von: Über die Aufgabe des Geschichtsschreibers, in: Werke, ed. Andreas Flitner u. Klaus Giel, Bd. I: Schriften zur Anthropologie und Geschichte. Darmstadt: Wissenschaftliche Buchgesellschaft 1960, S. 585–606.

Humboldt, Wilhelm von: Theorie der Bildung des Menschen, in: ders.: Werke in fünf Bänden, ed. Andreas Flitner u. Klaus Giel, Bd. I: Schriften zur Anthropologie und Geschichte. Darmstadt: Wissenschaftliche Buchgesellschaft 1960, S. 234–240.

Humboldt, Wilhelm von: Über das Studium des Altertums, und des griechischen insbesondere, in: Werke, ed. Andreas Flitner und Klaus Giel, Bd. 2: Schriften zur Altertumskunde und Ästhetik. Die Vasken. Darmstadt: Wissenschaftliche Buchgesellschaft 1961.

Humboldt, Wilhelm von: Über den Geist der Menschheit, in: Werke, ed. Andreas Flitner und Klaus Giel, Bd. 1: Schriften zur Anthropologie und Geschichte. Darmstadt: Wissenschaftliche Buchgesellschaft 1960, S. 506–518.

Humboldt, Wilhelm von: Über die Aufgabe des Geschichtsschreibers, in: Werke, ed. Andreas Flitner und Klaus Giel, Bd. 1: Schriften zur Anthropologie und Geschichte. Darmstadt: Wissenschaftliche Buchgesellschaft 1960, S. 585–606.

Humboldt, Wilhelm von: Über die innere und äußere Organisation der höheren wissenschaftlichen Anstalten in Berlin, in: Werke in fünf Bänden, Bd. IV: Schriften zur Politik und zum Bildungswesen. Darmstadt 1961, S. 255–266.

Humboldt, Wilhelm von: Werke in fünf Bänden, ed. Andreas Flitner und Klaus Giel. Darmstadt: Wissenschaftliche Buchgesellschaft 1960–1981.

Husserl, Edmund: Erfahrung und Urteil. Untersuchungen zur Genealogie der Logik. Hamburg: Claassen & Goverts 1948.

Ibn Khaldun: Buch der Beispiele. Die Einführung al-Muqaddima. Leipzig: Reclam 1992.

Imdahl, Max: Giotto: Zur Frage der ikonischen Sinnstruktur, in ders.: Reflexion, Theorie, Methode. Gesammelte Schriften, Band 3. Frankfurt am Main: Suhrkamp 1996, S. 424–463.

Jaeger, Friedrich; Rüsen, Jörn: Geschichte des Historismus. Eine Einführung. München: C. H. Beck 1992

James, William: Die Vielfalt der religiösen Erfahrung. Frankfurt am Main: Insel 1997.

Jannidis, Fortis: Zwischen Autor und Erzähler, in: Detering, Heinrich (Ed.): Autorschaft. Positionen und Revisionen. Stuttgart, Weimar: Metzler 2002, S. 540–556.

Jaspers, Karl: Vom Ursprung und Ziel der Geschichte. (zuerst Zürich 1949). München: Piper 1963 [Karl Jaspers Gesamtausgabe, Teil I, Band 10, ed. Kurt Salkamun. Basel: Schwabe 2015].

Jeismann, Karl-Ernst: Geschichte als Horizont der Gegenwart. Über den Zusammenhang von Vergangenheitsdeutung, Gegenwartsverständnis und Zukunftsperspektive. Paderborn: Schöningh 1985.

Joas, Hans: Die Macht des Heiligen. Eine Alternative zur Geschichte von der Entzauberung. Berlin: Suhrkamp 2019.

Joas, Hans: Die Sakralität der Person. Eine neue Genealogie der Menschenrecht. Berlin: Suhrkamp 2015.
Joas, Hans: Braucht der Mensch Religion? Über Erfahrungen der Selbsttranszendenz. Freiburg: Herder 2004.
Jütteman, Gerd (Ed.): Entwicklungen der Menschheit. Humanwissenschaften in der Perspektive der Integration. Lengerich: Pabst Science Publishers 2014
Jung, C. G.: Archetypen. München: Deutscher Taschenbuchverlag 1990.
Kalhana: Rajatarangini. A Chronicle of the Kings of Kasmir, Text & Translation by M. A. Stein. 3 vols. Westminster 1900, ND Delhi 1961, 1989.
Kant, Immanuel: Idee zu einer allgemeinen Geschichte in weltbürgerlicher Absicht (1784), in: Werke in 10 Bänden, ed. Wilhelm Weischedel, Bd. 9: Schriften zur Anthropologie, Geschichtsphilosophie, Politik und Pädagogik, 1. Teil. Darmstadt: Wissenschaftliche Buchgesellschaft 1968, S. 33–50.
Kant, Immanuel: Die Metaphysik der Sitten. (Königsberg: Nicolovius 1797), in: ders.: Werke, in 10 Bänden. Bd. 7: Schriften zur Ethik und Religionsphilosophie. Zweiter Teil. Darmstadt: Wissenschaftliche Buchgesellschaft 1968. S. 307–634.
Kierkegaard, Sören: Die Krankheit zum Tode. Reinbek: Rowohlt 1962.
Kim, Yersu: A Common Framework for the Ethics of the 21$^{st}$ Century. Paris: Unesco 1999
Kim, Yersu: An Alliance for Global Common Values. https://www.globethics.net/network/globethics.net-forum/-/message_boards/message/13255293?p_p_auth=HxbkSO3y&_19_threadId=13255294#_19_message_13255293 [8.3.2020]
Klüners, Martin: Die Dialektik von Natur und Geschichte. Einige psychoanalytische Antworten auf klassisches Fragen der Geschichtsphilosophie, in: psychosozial, 136 (II/2014), S. 97–108.
Klüners, Martin: Geschichtsphilosophie und Psychoanalyse. Die Psychoanalyse als Antwort auf klassische Fragen der Geschichtsphilosophie. Göttingen: V&R unipress 2013
Klüners, Martin; Rüsen, Jörn (Eds.): Religion und Sinn. Göttingen: Vandenhoeck & Ruprecht 2020
Kocka, Jürgen: Zurück zur Erzählung? Plädoyer für historische Argumentation, in: ders.: Geschichte und Aufklärung. Aufsätze. Göttingen: Vandenhoeck & Ruprecht 1989.

Köhler, Jochen: Der Wille zum Schein. Nietzsches Spätphilosophie einer ästhetischen Bemächtigung, in: Philosophisches Jahrbuch 126 (2019), S. 246–268.

Koselleck, Reinhart: Historia magistra vitae. Über die Auflösung des Topos im Horizont neuzeitlich bewegter Geschichte, in: idem: Vergangene Zukunft. Zur Semantik geschichtlicher Zeiten. Frankfurt am Main: Suhrkamp 1979, S. 38–66

Koselleck, Reinhart: Historik und Hermeneutik, in: Koselleck, Reinhart; Gadamer, Hans-Georg: Hermeneutik und Historik (Sitzungsberichte der Heidelberger Akademie der Wissenschaften, Phil.-hist. Klasse, Jg. 1987, Bericht 1), Heidelberg: Winter 1987, S. 9–28; auch in: Koselleck, Reinhart: Zeitschichten. Studien zur Historik. Frankfurt am Main. Suhrkamp 2000, S. 97–118

Koselleck, Reinhart: Vergangene Zukunft. Zur Semantik geschichtlicher Zeiten. Frankfurt am Main: Suhrkamp 1979.

Koselleck, Reinhart; Mommsen, Wolfgang; Rüsen, Jörn (Eds): Objektivität und Parteilichkeit in der Geschichtswissenschaft. München: Deutscher Taschenbuchverlag 1977.

Krameritsch, Jakob: Geschichte(n) im Netzwerk. Hypertext und dessen Potenziale für die Produktion, Repräsentation und Rezeption der (historischen) Erzählung. Münster: Waxmann 2007

Küenzlen, Gottfried: Der neue Mensch. Eine Untersuchung zur säkularen Religionsgeschichte der Moderne. Frankfurt am Main: Suhrkamp 1997.

Küng, Hans: Projekt Weltethos. München, Zürich: Piper 1992 (10. Aufl. 2006).

Lal, Vinay: World History and Politics, in: Economic and Political Weekly, vol. XLVI, no. 46, November 12, 2011.

Lamprecht, Karl: Paralipomena der deutschen Geschichte. Wien: Verl. d. »Wissen für Alle« 1910.

Langlois, Charles-Victor; Seignobos, Charles: Introduction aux études historique. Paris: Librairie Hachette 1898; Paris: Editions Kimé 1992.

Lanzmann, Claude: Shoah. München: Deutscher Taschenbuchverlag 1988

Lessing, Gotthold Ephraim: Eine Duplik. In: Werke, ed. Herbert G. Göpfert. Band 8: Theologiekritische Schriften III. Philosophische Schriften. Darmstadt: Wissenschaftliche Buchgesellschaft 1979

Lessing, Gotthold Ephraim: Eine Duplik. In: Werke, ed. Herbert G. Göpfert. Band 8: Theologiekritische Schriften III. Philosophische Schriften. Darmstadt: Wissenschaftliche Buchgesellschaft 1979.

Létourneau, Jocelyn: Die Selbst-Erzählung, in: Rüsen, Jörn (Ed.): Geschichtsbewusstsein. Psychologische Grundlagen, Entwicklungskonzepte, empirische Befunde. Köln: Böhlau 2001, S. 177–238.

Lübbe, Herrmann: Geschichtsbegriff und Geschichtsinteresse. Analytik und Pragmatik der Historie. Basel, Stuttgart: Schwabe 1977.

Lukian: Wie man Geschichte schreiben soll, herausgegeben, übersetzt und erläutert von H. Homeyer. München: Fink 1965.

Machiavelli, Niccolo: Discorsi. Politische Betrachtungen über die alte und italienische Geschichte. Berlin: Reimar Hobbing 1922.

Marx, Karl: Zur Kritik der Politischen Ökonomie. Vorwort. 1859, MEW 13, S. 9.

Marx, Karl; Engels, Friedrich: Feuerbach. Gegensatz von materialistischer und idealistischer Anschauung, in: Deutsche Zeitschrift für Philosophie 14. Jg., H. 10, 1966, S. 1199–1254.

Müller, Klaus E.: Die fünfte Dimension. Soziales Raum-, Zeit- und Geschichtsverständnis in primordialen Kulturen. Göttingen: Wallstein 1999.

Müller, Klaus E.: Prähistorisches Geschichtsbewußtsein. Versuch einer ethnologischen Strukturbestimmung, in: ZiF Mitteilungen 3/95, S. 3–17.

Müller, Klaus E.: Sein ohne Zeit, in: Rüsen, Jörn (Ed.): Zeit deuten. Perspektiven – Epochen – Paradigmen. Bielefeld: transcript 2003, S. 82–110.

Müller, Klaus E.: Verfangen im Fadenkreuz Gottes. Eine kulturanthropologische Fabel. Wiesbaden: Springer 2020.

Müller, Klaus E. (Ed.): Menschenbilder früher Gesellschaften. Ethnologische Studien zum Verhältnis von Mensch und Natur. Gedächtnisschrift für Hermann Baumann. Frankfurt am Main: Campus 1983

Müller, Klaus E.; Treml, Alfred K. (Eds.): Ethnopädagogik. Sozialisation und Erziehung in traditionellen Gesellschaften. Eine Einführung. Berlin: Reimer 1992.

Musil, Robert: Der Mann ohne Eigenschaften. Hamburg: Rowohlt 1952.

Neumann, Erich: Ursprungsgeschichte des Bewußtseins. Frankfurt am Main: Fischer Taschenbuchverlag 1986.

Nida-Rümelin, Julian: Humanismus als Leitkultur. Ein Perspektivenwechsel. München: C. H. Beck 2006.

Otto, Rudolf: Das Heilige. Über das Irrationale in der Idee des Göttlichen und sein Verhältnis zum Rationalen. München C. H. Beck, Sonderausgabe 1963.

Pico della Mirandola, Giovanni: Oratio de hominis dignitate. Rede über die Würde des Menschen. Lateinisch-deutsch, herausgegeben und übersetzt von Gert von der Gönna. Stuttgart: Reclam 1997

Proust, Marcel: In Swanns Welt. Auf der Suche nach der verlorenen Zeit Erster Teil. Frankfurt am Main: Suhrkamp 1981

Quirin, Michael: Liu Zhijhi und das Chun Qiu. Frankfurt am Main: Peter Lang 1987.

Ranke, Leopold von: Geschichten der romanischen und germanischen Völker von 1494 bis 1514. Leipzig: Duncker & Humblot 1824, 2. Aufl. 1874

Ranke, Leopold von: Vorlesungseinleitungen, ed. Volker Dotterweich and Walther Peter Fuchs (Aus Werk und Nachlaß, vol. IV). München: Oldenbourg 1975

Ranke, Leopold von: Über die Verwandtschaft und den Unterschied der Historie und der Politik, Sämtliche Werke, Bd. 24: Abhandlungen und Versuche. Leipzig (Duncker & Humblot) 1877, S. 280–293

Ranke, Leopold von: Zur Kritik neuerer Geschichtsschreiber. (Sämtliche Werke, Bd. 33/34), Leipzig: Duncker und Humblot 2. Aufl. 1874.

Reill, Peter H.: The German Enlightenment and the Rise of Historicism. Berkeley: University of California Press 1975.

Reill, Peter H.: Science and the Science of History in the Spätaufklärung, in: Hans Erich Bödecker et al (Eds): Aufklärung und Geschichte. Studien zur deutschen Geschichtswissenschaft im 18. Jahrhundert. Göttingen 1986, S. 430–451.

Ricœur, Paul: Zeit und Erzählung, Bd. I: Zeit und historische Erzählung. München: Fink 1988.

Rüsen, Jörn: A Turning Point in Theory of History – The Place of Hayden White in the History of Metahistory, in: History and Theory, 59 (2020), S. 92–102.

Rüsen, Jörn: Der Historiker als »Parteimann des Schicksals« – Georg Gottfried Gervinus, in: ders.: Konfigurationen des Historismus. Studien zur deutschen Wissenschaftskultur. Frankfurt am Main: Suhrkamp 1993, S. 117–225.

Rüsen, Jörn: Die roten Fäden im Gewebe der Geschichte – Historischer Sinn zwischen Immanenz und Transzendenz, in: Klüners, Martin: Rüsen, Jörn (Eds): Religion und Sinn. Göttingen: Vandenhoeck & Ruprecht 2020, S. 65–122.

Rüsen, Jörn: Die Vernunft der Kunst. – Hegels geschichtsphilosophische Analyse der Selbsttranszendierung des Ästhetischen in der modernen Welt, in: ders.: Ästhetik und Geschichte. Geschichtstheoretische Untersuchungen zum Begründungszusammenhang von Kunst, Gesellschaft und Wissenschaft. Stuttgart: Metzler 1976, S. 30–62.

Rüsen, Jörn: Die vier Typen des historischen Erzählens, in: ders.: Zeit und Sinn. Frankfurt am Main: Humanities Online 2012, S. 148–217.

Rüsen, Jörn: Droysen heute – Plädoyer zum Bedenken verlorener Themen der Historik, in: ders.: Kultur macht Sinn. Orientierung zwischen Gestern und Morgen. Köln: Böhlau 2006, S. 39–61

Rüsen, Jörn: Geschichte denken. Erläuterungen zur Historik. Wiesbaden: Springer VS 2020.

Rüsen, Jörn: Geschichtskultur, Bildung und Identität – Über Grundlagen der Geschichtsdidaktik. Berlin: Peter Lang 2020.

Rüsen, Jörn: Historik. Theorie der Geschichtswissenschaft. Köln: Böhlau 2013.

Rüsen, Jörn: Historische Methode und religiöser Sinn – dialektische Bewegungen in der Neuzeit, in: ders.: Geschichte im Kulturprozess. Köln: Böhlau 2002, S. 9–42.

Rüsen, Jörn: Historisches Lernen – Grundriss einer Theorie, in: ders.: Historisches Lernen. Grundlagen und Paradigmen. Schwalbach/Ts. 2008, S. 70–114.

Rüsen, Jörn: Humanismus als Antwort auf den Holocaust. Zerstörung oder Innovation?, in: Zeitschrift für Genozidforschung 9 (2008), Heft 1, S. 134–144.

Rüsen, Jörn: Idealism in the German tradition of meta-history, in: Boyle, Nicholas; Disley, Liz (Eds): The Impact of Idealism. The Legacy of Post-Kantian German Thought. Vol. 2: Historical, Social and Political Thought, ed. by John Walker; Cambridge: Cambridge University Press 2013, S. 331–343.

Rüsen, Jörn: Interkultureller Humanismus, in: Der Neue Weltengarten. Jahrbuch für Literatur und Interkulturalität 2016, ed. Michael Hofmann, Iulia-Karin Patrut, Hans-Peter Klemme. Hannover: Wehrhahn 2016, S. 37–48.

Rüsen, Jörn: Konfigurationen des Historismus. Studien zur deutschen Wissenschaftskultur. Frankfurt am Main: Suhrkamp 1993.

Rüsen, Jörn: Kultur macht Sinn. Orientierung zwischen Gestern und Morgen. Köln: Böhlau 2006

Rüsen, Jörn: Leidensverdrängung und Trostbedarf im historischen Denken, in: Peters, Tiemo; Rainer; Urban, Claus (Eds): Über den Trost. Für Johann Baptist Metz. Ostfildern: Matthias-Grünewald-Verlag 2008, S. 76–84.

Rüsen, Jörn: Looking back – a pensive balance, in: Rethinking History 22,4 (2018), S. 490–499.

Rüsen, Jörn: Menschsein. Grundlagen, Geschichte und Diskurse des Humanismus. Berlin: Kadmos 2020.

Rüsen, Jörn: Historik. Theorie der Geschichtswissenschaft. Köln, Weimar, Wien: Böhlau 2013.

Rüsen, Jörn: Rekonstruktion der Vergangenheit. Grundzüge einer Historik II: Die Prinzipien der historischen Forschung. Göttingen: Vandenhoeck und Ruprecht 1986.

Rüsen, Jörn: Sinn und Widersinn – Überlegungen zur Kontur der Geschichtsphilosophie, in: Langthaler, Rudolf; Hofer, Michael (Eds): Geschichtsphilosophie. Stellenwert und Aufgaben in der Gegenwart. Wiener Jahrbuch für Philosophie 46 (2014), S. 9–26, auch in: Rüsen, Jörn: Geschichte denken. Erläuterungen zur Historik. Wiesbaden 2020, S. 123–142.

Rüsen, Jörn: Topik und Methodik – Narrative Struktur und rationale Methode in der Geschichtswissenschaft, in: Internationales Archiv für Sozialgeschichte der deutschen Literatur (IASL). Band 36, 2011, Heft 1, S. 119–127.

Rüsen, Jörn: Wissenschaftskultur und Bildung, in: Jamme, Christoph; Schröder, Asta von (Eds): Einsamkeit und Freiheit. Zum Bildungsauftrag der Universität im 21. Jahrhundert. München: Wilhelm Fink 2011, S. 17–28.

Rüsen, Jörn: Zerbrechende Zeit. Über den Sinn der Geschichte. Köln: Böhlau 2001.

Rüsen, Jörn; Straub, Jürgen (Eds): Die dunkle Spur der Vergangenheit. Psychoanalytische Zugänge zur Geschichte. Frankfurt am Main: Suhrkamp 1998.

Rustemeyer, Dirk: Sinnformen. Konstellationen von Sinn, Subjekt, Zeit und Moral. Hamburg: Meiner 2001.

Sacks, Jonathan: The Dignity of Difference. How to avoid the Clash of Civilizations. London: Continuum 2003.

Said, Edward W.: Humanism and Democratic Criticism. New York Columbia University Press 2004.

Schleiermacher, Friedrich: Der christliche Glaube nach den Grundsätzen der evangelischen Kirche im Zusammenhang dargestellt, in: Werke, Auswahl in vier Bänden, 3. Band. Leipzig: Fritz Eckardt 1910.

Schleiermacher, Friedrich: Über die Religion. Reden an die Gebildeten unter ihren Verächtern. Mit einem Nachwort von Carl Heinz Ratschow. Stuttgart: Reclam 1969.

Schlözer, Ludwig August: Vorstellung seiner Universal-Historie (1772/73), ed. Host Walter Blanke. Hagen: Rottmann 1990.

Schott, Rüdiger: Das Geschichtsbewußtsein schriftloser Völker, in: Archiv für Begriffsgeschichte 12 (1968), S. 166–205.

Sloterdijk, Peter: Regeln für den Menschenpark. Ein Antwortschreiben zu Heideggers Brief über den Humanismus. Frankfurt am Main: Suhrkamp 1999.

Sochatzy, Florian; Ventzke, Marcus (Eds): mBook Geschichte – Geschichte denken statt pa uken. Geschichtsbuch für die Sekundarstufe I an Gymnasien, Nordrhein-Westfalen – Gemeinsames Lernen, Bde. 1–3, Eichstätt 2018.

Stekeler-Weithofer, Pirmin: Sinn Kriterien. Die logischen Grundlagen kritischer Philosophie von Platon bis Wittgenstein. Paderborn 1995

Straub, Jürgen: Das erzählte Selbst. Konturen einer interdisziplinären Theorie narrativer Identität. Ausgewählte Schriften, Bd. 2: Begriffsanalysen und pragma-semantische Verortungen der Identität. Gießen: Psychosozial-Verlag 2019.

Straub, Jürgen: Religiöser Glaube und säkulare Lebensformen im Dialog. Personale Identität und Kontingenz in pluralistischen Gesellschaften. Gießen: Psychosozialverlag 2016.

Tacitus: Historien, ed. Joseph Borst. München: Heimeran 1959.

Thies, Christian: Der Sinn der Sinnfrage. Metaphysische Reflexionen auf kantianischer Grundlage. Freiburg: Alber 2008,

Thukydides: Geschichte des peloponnesischen Krieges, übers. und herausgegeben von Georg Peter Landmann. Reinbek: Rowohlt 1962.

Torstendahl, Rolf: Fact, Truth, and Text: The Quest for a firm basis for historical knowledge around 1900, in: History and Theory 42 (2003), S. 305–331

Tu Weiming: Confucian Humanism as a Spiritual Resource for Gobal Ethics, In: Peace and Conflict Volume 16, (Summer 2009) Number 1, S. 1–8.

Vogelsang, Kai: Geschichte als Problem. Entstehung, Formen und Funktionen von Geschichtsschreibung im Alten China. Wiesbaden: Harrassowitz 2007.

Wagner, Jonathan F.: Gervinus über die Einigung Deutschlands, Briefe aus den Jahren 1866–1870, in: Zeitschrift für die Geschichte des Oberrheins NF 82 (1973), S. 371–392.

Walzer, Michael: Exodus und Revolution. Frankfurt am Main: Fischer Taschenbuch Verlag 1995.

Weber, Max: Die drei Typen der legitimen Herrschaft, In: ders.: Gesammelte Aufsätze zur Wissenschaftslehre, ed. Johannes Winckelmann. 3. Aufl., Tübingen: Mohr/Siebeck 1968, S. 475–488.

Weber, Max: Die ›Objektivität‹ sozialwissenschaftlicher und sozialpolitischer Erkenntnis, in: ders.: Gesammelte Aufsätze zur Wissenschaftslehre, 3. Aufl. ed. Johannes Winckelmann. Tübingen: Mohr/Siebeck 1968, S. 146–214.

Weber, Max: Gesammelte Aufsätze zur Wissenschaftslehre, 3. Aufl. ed. Johannes Winckelmann. Tübingen: Mohr 1968.

Weber, Max: Wissenschaft als Beruf 1917/1919 – Politik als Beruf 1919 (Studienausgabe der Max-Weber-Gesamtausgabe, Bd. I/17). Tübingen: Mohr/Siebeck 1994

Weber, Max: Wirtschaft und Gesellschaft. Grundriss der verstehenden Soziologie, ed. Johannes Winckelmann. Köln, Berlin: Kiepenheuer & Witsch 1964.

Weber, Max: Die drei Typen der legitimen Herrschaft, In: ders.: Gesammelte Aufsätze zur Wissenschaftslehre, ed. Johannes Winckelmann. 3. Aufl., Tübingen: Mohr/Siebeck 1968, S. 475–488.

Welzer, Harald: Täter. Wie aus ganz normalen Menschen Massenmörder werden. Frankfurt am Main: S. Fischer 2005.

White, Hayden: Auch Klio dichtet oder Die Fiktion des Faktischen. Studien zur Tropologie des historischen Diskurses. Stuttgart: Klett-Cotta 1986.

White, Hayden: Droysen's Historik, in: History and Theory 19 (1980), pp. 73–93.

White, Hayden: Metahistory. The Historical Imagination in 19th-Century Europe. Baltimore: The Johns Hopkins University Press 1973.

White, Hayden: Metahistory. Die historische Einbildungskraft im 19. Jahrhundert in Europa. Frankfurt am Main: S. Fischer 1991.

White, Hayden: The Historical Text as Literary Artefact, in: R. H. Canary, H. Kozicky (Eds.): The Writing of History. Literary Form and Historical Understanding. Madison 1978, S. 41–62.

MIX
Papier aus verantwortungsvollen Quellen
Paper from responsible sources
FSC® C105338

If you have any concerns about our products,
you can contact us on
**ProductSafety@springernature.com**

In case Publisher is established outside the EU,
the EU authorized representative is:
**Springer Nature Customer Service Center GmbH
Europaplatz 3, 69115 Heidelberg, Germany**

Printed by Libri Plureos GmbH
in Hamburg, Germany